世紀文庫
傳記003

李行的本事

林黛嫚　著

感謝李行導演提供個人珍藏照片授予本書使用。

一九九六年八月，李行擔任長春電影節的評審委員，順道一遊長白山天池。

一九六四年李行執導《婉君表妹》殺青時，與工作同仁在高雄澄清湖九曲橋合影。

一九七九年《早安台北》在圓山天文台拍攝外景全片殺青，李行與工作同仁合影。

李行導演之所以成功，除了對戲劇的熱情和天賦外，不斷的自我期許，更是其中的關鍵。他在這幀照片上親筆寫下：

中華民國五十五年四月於淡水新庄子拍攝「貞節牌坊」外景時工作現場留影。
「貞」片是我近期作品中較能滿足自我創作慾者，但上映時，不為觀眾接受，票房收入甚差！製片人尚不氣餒，我今後當更加倍努力，誓為中國電影奮鬥。

李行　五十六年
一月廿三日

中華民國五十五年
四月於淡水新庄子拍攝
「貞節牌坊」外景時之
現場留影、
「貞」片是我近期作品中,
較能滿足自我創作慾者,
但上映時,不為本觀眾接受,
票房收入甚差!
不亡氣餒,我今後當更加倍
努力,誓為中國電影奮
鬥!
五十六年

汪洋中的一條船
HE NEVER GIVES UP
秦漢
林鳳嬌
歐弟
導演 李行
中央電影事業公司出品
A CENTRAL MOTION PICTURE CORPORATION PRODUCTION

李行執導的《汪洋中的一條船》、《小城故事》、《早安台北》三部影片，第十五屆、十六屆、十七屆連續三屆獲得金馬獎最佳劇情片，這項紀錄，至今無人能破。

《小城故事》是大眾電影公司創業十年紀念作。該片榮獲第十六屆金馬獎最佳劇情片時，所有工作同仁一起上台，接受影星伊麗莎白泰勒（右三）頒獎。

小城故

二〇〇八年十一月二十一日，第四十五屆金馬獎執委會在台中舉辦「一甲子的輝煌——李行作品暨文物展」，開幕時與各地前往參加的多年合作夥伴好友合影。

當年張毅、楊惠姍轉行從事琉璃創作，在鶯歌成立了工作室，創業維艱，李行是僅有的前往探望鼓勵的人，二人一直感念在心。二〇〇八年十一月廿一日，特地打造獨有的「行」字琉璃藝品，寫了李行一甲子所有的五十二部電影作品，當成「一甲子的輝煌」的賀禮。

二〇〇八年十一月廿三日，第四十五屆金馬獎執委會舉辦「一甲子的輝煌——李行的電影世界」座談會，與會貴賓合影留念。後排左起：黃建業、王瑋、鄧光榮、侯孝賢、張毅、胡志強、陳坤厚、賴成英。前排左起：錢璐、楊惠姍、李行、黃仁、焦雄屏、李湘。

在李行的人生中，家庭是他很重要的部份，特別是父母親的身教言教，對他影響更是深遠。
時為一九八五年，雙親與子孫四代合影。

一九七九年，女兒顯順在洛杉磯讀大學時，李行伉儷前往探視，在她宿舍中留影。

一九九三年夏天，顯一全家偕同李行伉儷前往香港旅遊，在九龍凱悅酒店大廳與孫令傑（左），孫女令儀合影。

二〇〇二年夏天，顯順帶著外孫天祥（右）、天佑返台探望二老，於家中合影。

一九九八年十一月，李行伉儷遊長江三峽合影。

二〇〇八年一月，李行伉儷遊賞東京冬景。

【序】

留給三弟子達

達弟：

恭喜你，李行電影一甲子。好難熬，好艱苦的一甲子。

剛讀完你交給我校訂林黛嫚女士的《李行的本事》。再讀了二〇〇八年台北金馬影展執行委員會為你出版的《李行一甲子的輝煌》專輯叢書，為你難過，為你高興。

尤其讀金馬影展主席，台北藝術大學電影創作研究所長焦雄屏教授撰寫的〈經營六十年的倫理烏托邦——向李行導演致敬〉，金馬影展祕書長、資深媒體人胡幼鳳寫的〈李行對話錄〉，以及從書中「李行作品藝術總論」，「李行經典作品評析」，由兩岸三地資深影藝學人和評論人所撰寫的十一篇論文。這一系列由不同知識性，不同觀察度客觀深刻的評述，為你欣慰，也以你為傲。

做為你的大哥，七十餘年來，同步成長，同體悲樂，分享過你的喜悅和榮譽，分擔過你的苦痛和憂患。在此李行電影一甲子的時刻，深切地讀過那麼豐盛的論述，實有一份不能止於言的心動，想再留下一些文字紀錄給你。

(一)

記得在一九九九年你七十歲生日，我曾經給你留下一篇〈寫給三弟的一封信〉，追記你踽踽獨行，既孤獨又坎坷的五十年影藝生涯的往事。

我們隨著雙親在華山，生活在峭壁懸崖，深山窮谷，那個「鳥不生蛋」的大上方。從日出到日落，除了我看青山多嫵媚，青山應知我寂寞，那時你八歲，我十二歲的歲月，我們四兄弟慣以講夢，聚在一起編織一些屬於夢的想像，以滿足幼小心靈的空虛。繼而從渭水河畔到蘇州河畔，你投入表演藝術的狂熱與執著。回憶立志獻身中國戲劇事業的少年「李行」，至今難忘。

有儻來的幸運，沒有僥倖的成功，成功是一點一滴累積的結晶，需要不移的信念，不撓的決心，不屈的毅力，不惑的智慧，更需要嘔瀝不盡的心血淚水。一般人衹有看到成功者在成功的方程式中，「等號後」的輝煌與讚美，看不到在「等號前」的埋頭苦幹，心酸寂寞的「加」「減」「乘」「除」的過程。尤其是苦難中國大時代的知識份子，藝術工作者，影劇工作者，孤獨與寂寞的境遇，當他們被需要時一如嬌子，當他們需要關愛時卻一如棄兒，冷暖如斯，幾許辛酸。

我在前邊的文字，記述你三十歲前後，你們這一群堅守理想，倔強不變，堅韌不拔，篳路藍縷，開啟山林的台灣影藝拓荒者。尤其是你，貧與病打不倒你，你能頑強地挺過來。三次敲叩你理想獻身的門，三次被拒，青雲無路，希望破滅。你能忍得、守得、幹得，更重要的是你能熬得，熬過那段黯淡的歲月。

我永遠記得你說：「中國的電影，必須有中國人自己的風格。台灣的電影一定會在我們的手上起飛。」你兢兢翼翼於創作前的準備，你又沉沉重重地在創作後的反省，你為一寸一方鏡頭畫面，反復思維，你為一字一句口語對白，仔細咀嚼。為了使中國電影在這一代發光發熱，你默默地燃燒自己。從一九六三年的《街頭巷尾》，一九六四年的《養鴨人家》、《婉君表妹》，一九六五年的《啞女情深》，到一九七一年的《秋決》，一九七八年的《汪洋中的一條船》，一九七九年的《小城故事》，一九八〇年的《原鄉人》。你不阿諛，不媚俗，忠誠的中國良心，就是李行電影成功的品牌，台灣電影果然在你們這一代起飛了！

我在一九九九年那篇回首七十年的來時路，寫你的執著與堅持，寫你的辛酸與孤獨，寫雙親和家人的鼓勵與支持，寫你對父親和顯一侄的天人共鑑的感動，永不能完成的孝思。

(二)

我們兄弟以及耕樂堂子孫，一貫以父親母親的身教、言教、心教、聲教做為立德、立身、立業、立家的基本精神。

我們的父親涵靜老人，誕生於一九〇一年，證道於一九九四年，駐世九十五年，他是一九一九年「五四學運」上海學聯的學生領袖。他服膺民主、科學，他愛好自由、和平。耕樂堂李氏子孫都知道，我們是清清白白、平平凡凡的平民家庭，雖然堂名耕樂，我們既沒有可以耕種的寸土，亦沒有樂業的恆產，在蘇州大石頭巷那不足四十坪的四合院祖宅，還是善心人士置贈給我們的祖父。祖父以「心耕、筆耕、舌耕、力耕」四耕為樂，立為耕樂堂名。

父親自幼「沐浴於儒家教化，復深受道家涵育」。大學時期受于右任先生以橫渠先生關學思想，「為天地立心，為生民立命，為往聖繼絕學，為萬世開太平」的師教所啟導。父親自述：

我是一個歷經憂患，自始窮究天人之際的中國傳統知識份子。我熱愛中華民族文化的真諦，我希望中國富強、和平、統一。我更祈禱中國人能生活在自由、民主、繁榮，無虞匱乏，免於恐懼的現代國家，並有尊嚴地屹立於國際社會中，而不為時代潮流所淹滅。

我以書生報國的作為，一九五一年到一九六五年在台灣辦報時期，主張：一、新聞自由是人權的基本。二、解除一切對學術思想及言論自由的限制。三、促進強大在野力量團結，以發揮監督制衡的功能，符合民主政治之常軌。四、起用非常之人才，以應非常之變局。

我是一個與世無爭的宗教徒和「有神論」者，我關懷世界、關懷社會、關懷時代、關懷同胞。我認為當前人類最大的苦難根源，是出自于「恨」而沒有「愛」。所以我服膺中華文化的仁愛思想與王道精神，希望世人從根自救，擴大人類生存合作之思想領域，祛除侵略鬥爭之兇暴心理。

觀照今天世界人類共同面臨著生活與生存的危機，其解救之道，惟有揚棄暴力與私慾，共同打開共生、共存、共進化的大門，邁向和平、繁榮、積極建設的康莊大道。宗教徒與共產黨人雖是道不同，但面對人類進化的共同期望是一致的。當前的急務而言，那就是中止人類流血戰爭的「破」，積極進行增進人類福祉的「立」。（錄自一九九一年元月十五日涵靜老人致鄧小平先生的一封信）

父親生於憂患，長於憂患，立於憂患，死於憂患，他九十五歲的生命幾乎與憂患、苦難的中國人民一起走過。

他與中國人的憂患脈搏一起跳動。他與時代的憂患呼吸一起吐納。最後他那長期不安不忍的憂患意識，內轉為親親仁民的愛，外推為民族愛、人類愛、萬物愛，悲憫的人道愛。

我肯定父親有下列的人格特質：有擇善固執，實事求是的進取精神。有捨我其誰天下己任的擔當勇氣。有知其不可為而為之的奮鬥毅力。尤其父親常說「我命由我不由天。」「不為自己打算，不求個人福報。」這種推倒開拓的氣勢，不顧媚於世俗毀譽，不屈撓於威權壓力，操之在我，自做主宰，永遠是李氏子孫的典範。

中國早從先秦哲學思想就以「生生不息」為中心，以人的生命來體驗物的生命，再上昇到宇宙生命，完成生生動態的創造生命，建立起宇宙動態均衡的和諧秩序。循著此一宇宙秩序，父親以一甲子黃金歲月，問道、親道、見道、行道。觀照宇宙生命自然的萬生萬有，以生命哲學「生生不息」動態和諧的思想，建構起萬有動力的宇宙觀、萬有化合的自然觀、萬有生命的天人觀，體系一貫的天人實學。他關懷生命、尊重生命、敬愛生命、守護生命。

他肯定普通平等的生命尊嚴、同生共榮的生存和諧、自由選擇的生活幸福，是宇宙生命不變的法則。既不可以剝奪，亦不可以放棄。他說：

「自然充滿生命的自然，生命亦充滿自然的生命。」

「吾人在一呼一吸間，生命與自然交織為一。」

「人非純粹的人，天非純粹的天，吾人在宇宙中，宇宙在吾人中。」

父親他是入世苦行的宗教家，他是天人實學的哲學家，他是以宇宙為家的當代思想家。

(三)

我們四兄弟成長在動亂、苦難的時代。生活在一個自由、開放的家庭。我們可以自由選擇，我們可以自由信仰，我們有婚姻的自由，我們有獨立生活的自由。父親尊重我們，母親慈愛我們。彼此關心，彼此守護。堅毅而豁達的父親，教我們嚴以律己，寬於待人的做人和愛人的道理；寬恕而慈藹的母親，教我們珍惜物力，勤儉節用的敬業和立業的美德。我們尊敬父親，卻不畏懼父親，因為他有夏日的父嚴，卻多一分冬陽的師保。我們敬畏母親，深愛母親，他的勤儉持家讓家人生活無虞匱乏，我們從她的教導中學習到生活的品味與藝術。

兩位老人家的身教、言教、心教、聲教，永遠是我們的立身、立家、立德、立業的標準。尤其父親的「承擔」，母親的「成全」，兩位老人家人格特質深遠地影響著我們。

身體髮膚受諸父母，人格氣質既受諸教育，亦稟承於父母。我們四兄弟的思想行為，長期受到雙親的涵育薰陶自可肯定。尤其我們在性格上的愛惡分明，孤傲固執，心直口快，外冷內熱，幾乎同一塑型。三弟你更繼承了父親的「承擔」，和母親的「成全」的精神。

我常說你「永遠為別人而活」。

你勇於「承擔」，甚至承擔起不應該承擔的責任與義務，無怨無悔。你樂於「成全」，成全了家人，親友，事業夥伴，以及親與不親，善與非善的人與事，永不退讓。充滿愛的服務人生，讓你豐富，也讓你憔悴！

父親說：「當前人類最大苦難的根源，出自於恨而沒有愛。」他的「親親仁民，仁民愛物，擴充為民族愛，人類愛，萬物愛，人本關懷與悲憫的人道愛」的精神，與動態和諧生生不息的生命哲學思想，滲透你的思想行為，呈現在「李行電影」裡。父親以宗教人充滿憂患與愛心的「雙眼」觀照宇宙生命，轉換成為李行電影鏡頭的「隻眼」，真誠地凝視現實社會的人道寫實的藝術生命。

我可以局部接受有些專家評論，在李行的電影作品裡有國家倫理、親情倫理，或道德傳統和文化傳統的「父權家訓」「教育養成」的傳道說教的「落伍」觀念。我不能同意以狹隘的地緣，或階段性的史緣的特定時空的觀念，窄化了你的作品。好像當代有一些學人，稱孔子的儒學為魯文化，或山東一聖人，稱佛陀的佛學為梵文化或恆河一聖人，忽略了他們的仁愛的思想精神，慈悲的思想精神，是超越時間、空間的地球人共有的精神財富，跨越兩個世紀高峰的當代知識份子，豈可以自小天下耶？應有超越時空的高度關懷世界，關懷時代，關懷社會，關懷同胞。何況藝術的精神是無國界，無人我，無時間。對生命的大愛亦是超時間，超人我，超地域。

（四）

下邊願意以我讀過的「李行作品藝術總論」與《行者影跡》中的評析，來代表說明我對李行電影的精神詮釋。並補充林黛嫚女士撰寫的《李行的本事》。

記得在《街頭巷尾》製作完成時，李行他堅持要在片頭序幕加疊這段字幕：

> 這個故事發生在都市的一角，沒有仇恨，祇有愛，母女的愛，同胞的愛，以及一個小孤女和一群貧苦大眾動人的友愛。惟有充滿著愛心的社會，才有正確的進步，才有美好的希望。

這正是我們的父親涵靜老人的：「人類最大的苦難根源祇有恨而沒有愛。」人文關懷的註腳。

何懷碩教授的〈論《秋決》〉中，在「意蘊」分題下，就一語道破了《秋決》主題精神是：「天有好生之德。」他在第一部份指出：

書生的話語，以及蓮兒的懷孕，加上四時景物的變化，都顯示了宇宙大生命自強不息的體認。四時代序，日新又新，宇宙萬物的生生不息，新的生命降臨代替了舊的生命死滅。作者竭力拿這個中國傳統的宇宙觀，來沖淡《秋決》肅殺與悽慘的氣氛，安慰觀眾，提示了希望。

這個宇宙觀落實在人生觀上，便為對大生命與小生命，宇宙生命與個體生命之對待觀念上。犧牲小生命、個體生命，乃為生命的意義。

中國有最深沉的人生智慧，絕對不是消極與積極兩個面向可以概括的。書生說：「人一生下來就註定要死，早死晚死是由天作主，由不得人；可是要死的光明磊落是由人作主，由不得天。」這番話平平常常，但我們透過他，已體悟了作者對中國人生哲思的宣示。孔子說：「朝聞道，夕死可矣。」《秋決》通過兩個女性——老奶奶和蓮兒的愛，以及牢頭、書生兩個人對裴剛的教化，使死囚裴剛恢復了天賦的良知與德性，他死前悟道，獲得了再生的報償——蓮兒懷了他的新生命，這就是新生，這就是涅槃！這個暗藏著希望之喜悅，就是東方人在悲劇人生中，參悟出來的曠達與遠見。

《秋決》分明在描寫「死」其實在歌頌「生」。冬孕育著春。

何懷碩教授道破了李行電影在中國文化「生生不息」的生命哲學，這正是我們兄弟所繼承父親涵靜老人的天人實學的思想。李行電影循著生生不息的精神，繼續以行為來詮釋「生生不息」是：前一個生命帶領了後一個繼起的生命，後一個生命圓滿了前一個未竟的生命。這就是「天有好生之德」，亦是生命的愛，愛的生命。

何懷碩教授接著在第二部份析論：

中國文化本質的重要支柱便是倫理思想。在近代以來，傳統倫理觀念雖受到新思潮的衝擊，但我仍覺得中國有某些美德，無礙於在現代存在，而且還有發揚的永恆價值。從這個角度看，《秋決》揭示的觀念，主要指出中華民族綿延的一個因素，就在於家族的倫理觀念。這個觀念亦延伸出上述為大我犧牲小我的人生觀。

中國古老文化傳統的種種因子，實在是構成《秋決》的最原始、最質樸、最根本的因素，它們是《秋決》的源頭活水。中國古老的文化傳統，不但提供他們一個故事的粗坯作題材，更重要的是提供了中國的氣質。

中國文化永恆價值面臨現代的考驗，《秋決》提示了一個批判的方向。這與一般庸俗的「發揚中國文化」與盲目的「全盤西化」，是絕不相同的態度。《秋決》一方面真正頌揚了中國文化的質樸、仁愛，與中國人的種種美德，一方面也批判了「親情」、「傳宗接代」與「家族」觀念的氾濫，造成對個體戕害的那一面。這方面，中國泛道德主義的觀念有時的確抹煞了某些生命真理，亦即造成近代以來激進主義反傳統的話柄。我覺得李行先生對待這個問題，既穩健又老練，態度不溫不火，處理手法公正又雄辯，不可多得！

從《秋決》的誕生，使我聯想到古今世上許多偉大的文藝作品，至少有相當大一部份是根植於作家文化背景的「土壤」中，經由作家的天才而綻放的花朵。我們可回憶托爾斯泰、曹雪芹、羅曼羅蘭、毛姆、川端康成、三島由紀夫……我們可以提出一連串的名字來。一個作家在他生長的文化背景中所受的薰陶及孩提時代所見所聞，常常是偉大作品的藝術生命之活潑的泉源，這泉源永遠是天才的創造之母。

何懷碩教授他在論文中指出：

從宇宙觀與人生觀來探究天人問題，生死問題，《秋決》觸及到這些，而且發揮了中國人生哲學的觀念，可能有人以為那是古老陳言，不足作為創造，或以為與現代有相扞格處，我以為不然。宇宙人生的大問題，永遠是沒有結論的，何況現代的成就，獨於人生問題束手無策，現代人內心世界的憂患顛躓，更形深重。中國的人生哲學現代人是否應棄之若敝屣？我想沒有人敢肯定回答。

好極了！何懷碩教授再度一針見血地看到李行導演所表達的「憂患意識」。李行用電影隻眼，代替了我們父親涵靜老人的憂患的雙眼，觀照科技獨領風騷，現代知識爆發，所缺乏的人文關懷。我願意用何懷碩教授兩段評論，來一吐我的壘塊。

資深影評人黃仁先生在《行者影跡》第三章討論了李行電影中的家庭父權威權論，他先引用李行自敘中說過：

「我作品的重點，多半強調父母子女間的親情，這一點，與我的家庭環境極有關係。在我的感覺裡，上一代與下一代應該是協調的，不應該是叛逆的、相抵觸的。人類的感情，沒有比父母對子女更真誠無私。我的父母，都是虔誠的宗教徒，刻苦勤儉，是傳統保守的中國人典型，我之服膺中國傳統的倫理道德，受了他們很大的影響。」

傳統的倫理親情與教育，正是李行導演作品中的主要元素，也可以說是他的美學核心。他的導演三昧，尤其是在他自己挑選題材、拍得叫好又叫座的藝術作品中，這些元素更發揮得淋漓盡致，即使是一度企圖求變，討好觀眾的商業電影，也脫離不了這個範圍，只是淡化而已，當然這和他的家庭環境及所受的教育有關，他出身台灣師大教育系，又是台灣電影圈出名的孝子。

在他開麥拉下的爸爸形象都是「好爸爸」。例如《養鴨人家》中的養父，不但敦厚、慈祥，愛養女如己出，而且寬厚待人，不念舊惡。在《吾土吾民》中的校長爸爸，更是堅強不屈，忠心耿耿的男子漢，愛國、愛校更愛女兒、愛學生，為保護下一代，從容就義。再如《小城故事》中的爸爸，也是維護藝術文化傳統的硬漢，又是善薩心腸的大好人。至於《路》片中的爸爸，雖是勢利眼的小人物，但望子成龍心切的苦心，更可博得「天下父母心」的原諒。

不過，李行作品中的父親，雖然個個是慈祥的好爸爸，母親則多半很嚴格，甚至凶巴巴。老牌演員傅碧輝就常演李行導演電影裡的嚴母，有不怒而威的形象。

黃仁先生筆下清楚地勾勒出我們的父親威而不嚴，高大而可親的身影。我也在前邊就介紹我們的雙親和成長的家庭，「我們成長在一個自由開放的家庭裡，父親有堅毅而豁達的豪情，母親有寬恕而慈藹的柔性。父親尊重我們，母親誘導我們，我們尊敬父親，卻不畏懼他；我們敬畏母親，深愛著她。父親教導我們嚴以律己，寬以待人，母親的家教中讓我們學習到生活的品味與藝術。」雖然李行服膺中國傳統的倫理道德，他不是毫無保留，情有獨鍾地向舊文化的孝道一面倒的傾斜。而且我們的父親從不濫用「父權權威」，無理由要求子女惟命是從，相反地我們家人有充分的選擇自由，信仰自由，表達意見的自由，獨立生活的自由。如果我們的家庭是一個父權神聖不容挑戰的傳統家庭，以當時對職業歧視的文化傳統環境，豈能允許李行任性地粉墨在舞台上，揮灑在銀幕前。絕不可能有今日的李行電影六十年。

我願意鄭重地說：「李行電影傳達的不單純是傳統倫理的道德，更多的是生命關懷的大愛，李行和他的家人顛沛時如斯，憂患時如斯！」為此我感謝許多公正的評論人所提出深度的評論為證，像上海大學影視學院副院長陳犀禾教授在〈穿越歷史與政治的文化與美學——李行電影及其比較研究〉論文中說：

> 道德精神的和諧與完美，可以說是李行作品的一貫主題，這種倫理範疇內的思考，與居高臨下的道德高姿態，為李行電影帶來了一種寬容隱忍的道德氣度和崇高純粹的精神力量，並富於一種理想主義色彩。
>
> 李行是將儒家的倫理道德，做為終身不渝的信仰。他對傳統的認同、對民族的認同、對歷史的認同，使得他的影片處處洋溢著人性美和道德的力量，這種儒家的大愛，充滿著令人沉醉的脈脈溫情，足以使所有的中國人產生共鳴。李行電影體現了中華文化源遠流長的傳承。面對現代化和全球化的疾風暴雨，具有五千年歷史的中華文化，是目前這個充滿動盪和爭端的世界的一筆極其重要的精神財富。正是在這些意義上，無論年代多麼久遠，無論有怎麼樣的隔閡，李行都以其對中華傳統倫理的至純至真，至善至美，至精至深，超越了歷史與政治的滄桑，彰顯出無窮的生命力，恰恰是這一點，李行電影更加顯現出了他的獨特意義和魅力。

香港《影響》電影雜誌影評人吳振明他亦說：

> 李行的作品是寫實和人文主義的結合物，他的寫實並不是義大利新寫實主義般的暴露現實眾生為歸依，他的寫實是以陶淵明詩般的淡樸悠然的手法，去讚頌中國傳統的

倫理、仁愛與孝道。從「純」和「淡」的隨緩調性中，李行向我們展露的人格與美德的獲致，往往完成於上下兩代的衝突以至求得諒解的過程。

很多人對李行所作的道德批判，實在是見木不見林的泉源，因為只有處理得好和處理得壞的藝術，卻沒有道德和不道德、健康或不健康的藝術。儘管李行視內容重於形式，但我們卻不能說他的作品沒有技巧，只不過技巧不超過內容，其影像的表現是以達到確切說出內容意念為目的，技巧從不為表現內容而變成內容所拖累。換言之，確切與儉樸是他的技巧所在。李行的鏡頭不論在室內或室外，不論拍攝的對象是個體還是群體，都不缺乏觀點，即使在最混亂的街景中，他都能井井有條地浮突出所要雕畫的人物；如《路》的街景拍得最出色，動中表現靜，靜也蘊伏於動中，已至靜動如一，其風格是一種冷靜中而又具激發性的情懷。

即使你不怎麼喜歡李行的主題，但你不能不被他的清靜淳樸的調子所感染，看他的片子時，那股落葉輕流的韻味，使你如沐清泉，如步秋野。李行目前的成就，是個人把中國電影帶回到優良的寫實傳統中去，三、四十年代的《萬家燈火》、《夜店》、《哀樂中年》等片的寫實主義，被時下電影的「暴力」和「暴露」所宰制，在黑漆的混沌物中，我們正需要像李行這樣的電影工作者。

(五)

三弟子達五十二部李行電影，除了早期十多部台語片無緣觀賞，我曾參與製作了《兩相好》，《街頭巷尾》之外，其他電影作品，我都欣賞過並表達過我的意見。當然，《街頭巷尾》，《養鴨人家》，《婉君表妹》，《路》，《秋決》，《心有千千結》，《汪洋中的一條船》，《原鄉人》，《唐山過台灣》這些李行經典電影作品外，我非常激賞他的《貞節牌坊》，《日出日落》，《母與女》，《海韻》，尤其是《風從那裡來》與《吾土吾民》。

第一、《貞節牌坊》，正如三弟他自己感慨的說：「《貞》片是我近期作品中較能滿足自我創作慾者。但上映時，不為觀眾接

受，票房收入甚差！製片人尚不氣餒，我今後當更加倍努力，誓為中國電影奮鬥！」

我借用《貞節牌坊》參與演出的資深演員崔小萍女士的自述：

在中國電影裡，從沒有這樣樸實，這樣坦白地描述「中國人」的真實生活，和隱藏著的心靈生活，我們不了解上一代的人是怎麼活，我們也無法啟示下一代要怎樣繼續活下去。那座貞節牌坊不僅表揚女人對貞操的堅貞，也表現了東方人在情感上的固執。

我激賞在《貞節牌坊》中潮起潮落激盪無常的海，和海灘上象徵一代一代寡婦寂寞的腳印，它在批判人欲、人心、自然本性不可抑止，誰說他在鼓勵寡婦守節？我肯定那是達弟以古諷今的另一類型的寫實作品。

第二、一九六六年的《日出日落》應該是李行經典作品同一類型《原鄉人》的前期寫實作品。李行有意通過《日出日落》為一群他所熟悉的安貧樂道，至死不悔的無名藝術工作者提出籲命。

《日出日落》的無名作家，如同「倒在血泊裡的筆耕者」四十五歲的鍾理和，從來沒有受到社會人道關懷過。一九八〇年《原鄉人》上映後，引發出文學評論家李歐梵非常激動的說：「我非常佩服導演李行的勇氣，把一個作家的一生拍攝成電影，這是台灣影片有史以來的第一次。每個熱愛中國文學的人，都應該感謝李行先生。」其實早在十四年前，李行已有此社會人文的關懷的寫實作品，但不被當時社會所接納。

第三、一九七五年的《吾土吾民》，我非常激賞資深電影工作者王引先生敬業、樂業的精神。他演活了一個終身奉獻於理想的教育家。李行以這位「富貴不能淫、貧賤不能移、威武不能屈」一代知識菁英的氣節與典範，正是鑄立在李行心底那位深藏了四十年，熱愛中華文化，熱愛國家民族，熱愛宇宙生命的父親，「獨立人天上，常存宇宙中」的涵靜老人精神。

《吾土吾民》是他心嚮往之另一類的寫實作品。

最後，我願意說一說我看《風從那裡來》這部「李行電影」。他自我嘲諷，在他完成了《秋決》之後，拍的一部最荒唐的電影，台灣哪有西部牛仔？但是我認為《風》片是李行自我寫實的作品，如同前輩藝術家，在生命最圓熟時，揮灑自如的作品。

李行，我的三弟，他一生為電影生命而奉獻，他孤傲固執，面冷心熱，滿懷火熱的愛，彷彿火山溶漿般蘊積在他生命的底層，被工作、工作、工作，電影、電影、電影長期鬱壓著。他是人，他有人性、人情、人欲，他要抒洩，這應該是《風從那裡來》創作的原始動力。

我最激賞《風從那裡來》，李行所展現無邪的天真與自由揮灑的自然天性。《風從那裡來》，一如李白詩中的：「黃河之水天上來！」好美的「有快樂，有悲哀」，沒有框框架架，沒有真真假假，無是無非，無善無惡的自性本然的寫實作品。

三弟你說是嗎？

三弟，我會永遠記得：你在《街頭巷尾》中所說的：「人窮要窮得有骨氣！大家要安份守己做我們的事，我們才能返回家鄉啊！」這就是我們所堅執的父親安貧樂道精神。

我會永遠地記得，你在《秋決》中所說的：「那怕祇有一天一夜，都是一生一世」的承諾，如同蘇子由對他大哥蘇東坡所承諾：「如有來生，永為兄弟。」我們一起從《秋決》走到《夏雪》。

你，行將八十，問心無愧。回想一下老子說過：「既以為人，己愈有。既以與人，己愈多。」但，應該記取老子又說過：「當知大成若缺，大盈若沖，大巧若拙，知足常足。」

影評人梁良說你：「李行，性情耿介，堅守道統。」可以為銘！

你的大哥子弋　八十三歲寫於二〇〇八年十二月廿六日父親證道日，黃庭。

李行的本事

目次

卷貳／少年李行

卷參／電影李行

卷壹／行者李行

沉寂已久的國片影壇因為一部《海角七號》賣座已破四億向五億邁進，創下國片有史以來的賣座紀錄而重新活絡了起來，加上另外幾部影片《囧男孩》、《九降風》等也頗受矚目，一時之間，國人似乎看到了國片復甦的曙光。

很多看過《海角七號》的人都說好久沒有走進電影院看國片了；好久沒有看到這麼「台灣本色」的電影；好久沒有在電影院這麼感動了，影片結束仍然坐在椅子上不忍離去。

這部電影描述幾個活在不同角落的小人物的故事，他們各自懷抱音樂夢想：失意樂團主唱阿嘉、只會彈月琴的老郵差茂伯、在修車行當黑手的水蛙、唱詩班鋼琴伴奏大大、小米酒業務員馬拉桑，以及交通警察勞馬父子，這幾個不相干的人，竟然要為了度假中心演唱會而組成樂團，並在幾天後表演，這點讓日本來的活動公關友子大為不爽，每天頂著臭臉的友子也讓待過樂團的阿嘉更加不高興，整個樂團還沒開始練習就已經分崩離析……；加上另一條主線，寫一對時空相隔的戀人，六十多年前，台灣光復，日本人撤離，一名日籍男老師隻身搭上了離開台灣的船隻，也離開了他在台灣的戀人友子，男老師無法當面說出對友子的感情，因此，他把懷念與愛戀化成字句，寫在一張張的信紙上……

這樣的一部電影，因為懷抱著夢想與熱情，而深深地讓觀眾陪著這些小人物一起哭，一起笑。影片出乎意料爆紅，讓舉債拍片的導演魏德聖暫時鬆了一口氣，這部片邊拍邊籌錢的景況，不禁讓人想起六十多年前，台灣的電影環境簡直可以用一片荒蕪來形容，從香港來台灣拍《春滿人間》的唐紹華導演，就見識到了拍這部片停停拍拍的窘境，甚至一九八六年李行拍《唐山過台灣》時，也是在天災不斷，拍拍停停，一面趕進度一面努力省錢的情況下才終於殺青，《海角七號》譜寫的電影傳奇，在過往一甲子的台灣電影發展中，其實已經不知上演過幾回了。

和台灣電影劃下等號

看到「電影」兩個字，你會想到什麼？

也許是漆黑的屋子裡，一片白色布幕閃爍著五顏六色的畫面；也許是奧黛麗赫本清麗纖細的身影；也許是李小龍虎虎生風地甩著雙節棍；也可能是蜘蛛人在高樓大廈間自由的飄盪……

看到台灣電影，你又會有什麼聯想？

是清純的林青霞和秦祥林浪漫的戀愛故事？是唐寶雲戴著斗笠，手拿篩籮餵鴨子？還是龍門客棧裡的漫天風沙和俠骨柔情？或是周杰倫邊彈鋼琴邊告訴你我不能說的祕密……

國聯影業公司財務困難，大家拍片義助李翰祥，四大導演聯合執導《喜怒哀樂》。左起：白景瑞、胡金銓、李行、李翰祥。

電影從一百多年前進入我們的生活之後，就成了現代人不可或缺的休閒，並且同時以藝術的形式讓我們的精神文明更豐富。每個人都有屬於自己的電影記憶，不過不管是哪一個階段，只要談到台灣電影，就不能不提到導演李行。李行六十多年的電影人生，已經和台灣電影劃下等號。

李行是台灣電影界碩果僅存的大老，當年並列四大名導的李翰祥、胡金銓、白景瑞都已仙去，而所謂的「四大名導」也已經不知換了第幾代了。曾經擔任李行的場記、編劇，跟著李行學拍電影的侯孝賢，現在也已經是揚名國際的台灣名導演了，但是只要是關於台灣電影的歷史，或是台灣電影發展等前瞻、回顧的話題，大家還是都要去請教李行李導演。

學者轉任文建會主委的邱坤良在二〇〇六年元月上任，履新的第三天就去拜訪李行，請教他電影方面的意見。邱坤良自己是文藝青年，也曾經作過當導演的夢，當他成為全國文化事務的主管，自然也想對台灣電影事業有所作為，他打算在華山藝文特區闢兩個小戲院，專門放映國片，同時在行政院組織法修正案中，建議把電影拉出，在文化觀光部之下成立電影局，雖然只是這幾個計畫，卻可以看出邱主委對電影這個區塊的重視。他去拜訪李行，也是想聽聽李行對他這些想法的意見，李行當時對邱主委提供的意見是，他說電影是百年事業，無法在短短一、兩年內見到成效，而可以想見邱主委的官位不會太久，所以李行認為所謂的「大計」，在這個節骨眼都是不管用的。李行這話給有心作為的邱主委潑了一盆冷水，事後印證，邱主委想做的事都因為任期太短（僅僅一年多的任期）而煙消雲散，不過對照李行當時的意見，也可見李行對電影、對官場風雲真是懂到骨子裡去了。

終身的電影義工

年近八十，人生走到這個階段，應該可以從職場上退休，或在家含飴弄孫，或出門訪友、看看電影、聽聽音樂會，自由自在地享受人生，可是，李行總覺得還有未完的志業、未竟的心願，而那種一般人認定的退休生活，對他來說簡直就是「等死」，這也就是為什麼一九八六年拍完《唐山過台灣》後，李行雖然不再擔任導演工作，可是卻沒有在電影場域中消失，他仍然盡自己所能，為台灣的電影工作奉獻心力。回顧這近二十多年來，李行所做的工作，大致可以分為三方面：一是金馬獎執委會；二是兩岸文化交流，包括兩岸三地導演會的活動；以及第三，他以李行工作室為據點，所從事和電影、戲劇相關的事業。

李行自稱為「終身的電影義工」，我們就來看看這位電影義工在這段期間做了些什麼！

一 台灣電影文化公司

李行從未想要做官，他對電影的一腔熱愛讓他只想在電影工作上有成績。在他從事電影工作的過程中，中央電影公司一直是台灣最重要的電影事業單位，也是李行認為他的電影夢最可能實現的地方，但是他三次申請進入中影都被拒絕，直到李行拍了許多電影，也成了名導演了，加上中影總經理龔弘的大力敦請，他才成為中影的專屬導演。由於和中影有這許多剪不斷的牽扯，李行對如何經營中影也有自己的一套想法，可惜始終沒有機會落實。

曾經擔任新聞局長的宋楚瑜，因為工作的關係，在電影界有很多友人，像張永祥、白景瑞、李行等，因為對電影的共同興趣而常有往來。一九八五年李行開拍《唐山過台灣》時，宋楚瑜是國民黨文工會主任，當時台灣電影製片廠廠長出缺，筆名魯稚子的饒曉明去見宋楚瑜，原本是想向宋主任推薦接任人選，一聊之下，宋楚瑜反而要饒曉明去接台製廠。因為知道饒曉明接台製廠的這段淵源，李行想，也許有一天，他也可以把自已經營中影的想法整理出來。

一九九〇年，宋楚瑜擔任國民黨的祕書長，正好當時的中影總經理林登飛轉往《大成報》發展，所遺職缺自然角逐者眾，但李行想想，也許這是一個時機。於是他請宋的祕書馬傑明轉交一份他寫的表達中影改革意見的計畫書，不過文件送到中央黨部後，就如石沉大海，不久中影總經理人事命令發佈，由江奉琪接任。

一九九六年，李行長子顯一車禍過世，宋楚瑜曾從李行的堂弟李光燾處探詢李行的近況，表示關切之意。同年七月，李行赴美探望女兒，八月返台，一回到台北就接到黃義交的電話，說是宋省長邀請李行出掌台灣電影文化公司。李行記得，宋楚瑜是在省長台北辦公室約見他，宋楚瑜說：「這次是我來找你，以往董事長的職位都是酬庸性質，但我請你去主持台影公司不是酬庸，是希望你去把那些珍貴的新聞、紀錄、電影資料整理整理，看看能不能創造再生價值出來。」宋楚瑜所謂的「這次是我來找你」，也許是對幾年前李行那份沒有著落的計畫書遲來的回應吧？

人生第一份公職

台影董事長是李行第一份公職，可能也是最後一份，為此他放棄綠卡，誠心做一位中華民國的公務員。

台影公司的前身就是台灣省電影製片廠。創立於一九四五年，初名台灣電影攝製場，隸屬於台灣省政府新聞處，負責攝製新聞片、紀錄片、教育片，及宣傳政令與輔導民間製片等任務。一九五七年，改名為台灣省新聞處電影製片廠（簡稱台製廠）。一九六二年，開拍台灣第一部彩色寬銀幕劇情片《吳鳳》。一九八八年，因應電影法改組為公司。

一九九六年十月，李行宣誓就任台灣電影文化公司董事長。這是他第一份公職，可能也是最後一份。

李行到台影公司後，首先想到的是把新聞、紀錄影片的資料活用，他在一九六〇年曾經擔任過台製廠的特約編導，所以對這裡的業務很熟悉，也像回娘家一樣。不過站在外圍觀看和進入經營核心，因立場不同，感受也不一樣。他這次來主持台影公司，才發現裡頭的工作人員都是公務員，也有著公務員朝九晚五的上、下班習性，上午九點上班，下午四點多，辦公室的氣氛就開始鬆散，很多人都坐不住，準備要下班了。他常常在會議中說，他做了一輩子電影，電影工作哪有朝九晚五！

於是他覺得在這樣的公務員心態主宰的電影公司氛圍之下，想把工作做好，無異緣木求魚，所以李行想，也許民營化是一條可行的路，那時很多國營事業都民營化了，也可見民營化是必行之路。

多方思考幾個可能的接手對象之後，李行找了當時影藝事業如日中天的春暉電影公司洽談，幾度談判、折衝，終於敲定合作協議。在雙方律師見證下，正準備簽約時，事情有了變數。原本條件談妥，所有資遣、退休的費用由春暉公司墊付，後來因為金額龐大，春暉公司打退堂鼓，於是洽談多時的台影民營化案胎死腹中。

春暉的案子不成，李行轉而和中影洽商合作，打算把中影的文化城移到台中，結合中影和台影的資源，也許可以產生更多效益，這些事都還在進行時，就發生了九二一大地震，台影公司位在台中霧峰，正是車籠埔斷層帶經過之處，所以災情非常慘重。

影片送往電資館保存

地震發生後，人在台北的李行就接到消息，但第一時間無法趕到台中，等到交通稍微可以通行，李行就驅車到台影公司。勘查之後的初步結論是，很多新大樓都震垮了，反而舊有建築的行政大樓還算堅固，台影公司最珍貴的歷史資產就是三百萬呎史料影片的底聲片，還好影片片盒除了部份從架上掉落之外，完全沒有損毀，但擔心後續可能發生的餘震，於是李行和幾位主管研究後，決定把這些珍貴的影片，暫時先運到電影資料館樹林倉庫保存。

一旦決定就得立即行動，因為誰也不知道餘震什麼時候會再發生，正在聯絡進行搬運的過程中，台影公司工會的幾位幹部召集了部份員工，也來到現場，阻止影片外移，因為地震一發生，這些可能是公司僅餘的重要資產，他們擔心資方把資產搬空，將來員工的退休金沒有著落。李行以董事長的身份拍胸脯保證，當時的新聞局電影處長陳志寬也大力保證，這些影片只是運到樹林暫存，等到將來如何善後的決策出來，再一併考量，而員工的退休金，李行說他會想辦法的。

發生這種百年大震對李行是一大考驗，在李行多方協商、開會研究，幸好獲得當時的行政院長蕭萬長支持，動用行政院第二預備金，解決所有員工退休、資遣的費用，

一九九九年，九二一大地震重創台影公司，當李行趕到時，只見滿目瘡痍。這場百年大震，看似震垮了台影公司最後一線生機，如今看來反而是讓它可以安靜走入歷史的轉機。

五十多年歷史的台灣電影製片廠，就此進入歇業狀態。由行政院新聞局主導成立的「善後小組」，李行擔任召集人，善後多年不能處理的事情仍然無法處理，李行也就在二〇〇四年辭去召集人的職務，和台製廠結的緣就告一段落了。

事過境遷後，李行回想，如果沒有這個百年大震，台影公司還真不知何去何從，也幸好春暉公司的民營化之路已經斷了，否則春暉接手豈不倒霉。雖然幾年後春暉公司也面臨經營危機；和中影的合作案還在洽談，會談出什麼結果也很難說，而當時台影公司入不敷出，到後來連員工薪水的發放都捉襟見肘，九二一地震表面上是把台影公司的最後一線生機震垮了，如今看來反而是地震為台影公司解了套，讓它可以安安靜靜地走入歷史。

五十四年的歷史成為廢墟

李行從來沒想過做官這回事，但他很想經營中影，因為他的電影事業在台灣，而中影是台灣的電影公司中設備最完善的，有攝影棚、攝製器材、技術人員，又有上映影片的院線，從事電影工作的人莫不以此為第一志願。中影讓他有一個正規的拍片環境，在拍完《街頭巷尾》，龔弘要他簽導演約，李行有前三次被拒的不愉快經驗，堅不肯簽基本導演，直到用十四個月拍了《路》，只拿一部片子的酬金，加上結果票房極慘，李行最後才同意了，就是因為他了解中影，中影固然也有缺點，但這個設備完善、技術人員成熟的拍片環境，仍然讓電影事業大有可為。他向高層提出中影經營計畫，沒有下文，但也促成了他來台影公司走這一遭。宋楚瑜找他去以及他同意接掌台影公司，並非想結束這家走下坡的公司，而是還想做點事，讓夕陽產業有機會旭日東昇。台影公司曾拍過的紀錄片、新聞片及劇情片，藝術價值姑且不論，但這些打著政令宣導，宣傳省政建設的新聞片、紀錄片，如今也都是珍貴的歷史紀錄。他到台影，本是計畫把公司民營化，給這家老公司一個回春、再生的機會，意想不到的是，台灣三大公營電影製片廠之一竟會在他手中結束。

二〇〇五年的金馬獎頒獎典禮在台中舉辦，李行到台中參加金馬獎活動時，曾專程去看看台影公司，他看到整個台影像荒地，雜草叢生，高如人立，曾經的輝煌如今像廢墟，真令人不勝唏噓。

二 金馬獎

台灣電影的草創階段，國家政策的訂定和官方部門的支持是很重要的，尤其是有能力從事電影拍攝工作的都是公營事業，主要工作都在宣傳政府施政成績，或配合國家政策，譬如一九五〇年時局艱危之際，從軍中開始推行克難運動，並擴及社會各界，中央電影公司的前身農業教育電影公司，就以克難精神拍攝了反共劇情長片《惡夢初醒》。

金馬獎話說從頭

一九五二年內政部電影檢查處成立「電影輔導委員會」，並召開「電影輔導會議」，這是第一次電影官員、學者專家、從業人員開會對挽救電影危機提出建言。而主管電影事務的電檢處則在一九五六年進行「改制」，脫離內政部改屬行政院新聞局，「電影輔導委員會」則歸教育部主管。

一九五七年正當台語片興盛之時，台北《徵信新聞報》（《中國時報》的前身）曾舉辦台語片影展，聘請十四位學者專家擔任評審，共有三十一部台語影片參賽，評審產生的獎項發給金馬獎，另由讀者票選演員給予銀星獎。金馬獎部份仿造奧斯卡金像獎模式設獎，這可能是台灣第一次辦影展活動。

為統一事權，政府也研擬出辦法來輔導國語片，一九五八年時將輔導、檢查這兩個單位合併，交予行政院新聞局電影檢查處主管。那年四月公佈「輔導實施辦法」十條，隔年根據這個辦法開辦獎勵優良國語片，分影片與個人技術兩部份，影片中的劇情片分甲、乙、丙、丁四級，紀錄片分甲、乙兩級，給予獎品或五萬、三萬、二萬、一萬不等的獎金；個人方面發給金鼎獎、獎金、獎牌，因為獎座是金鼎獎，所以可以稱之為獎勵優良國片的「金鼎獎時期」。

電影金鼎獎時期

「金鼎獎」的評分標準為主題意識二十分、編劇十五分、導演二十分、製作技術二十五分。主題意識成了左右一部影片是否可以得獎的決定因素。後來給分標準雖年有修改，主題意識的比重卻更見加強，並為金馬獎所沿用。直到一九七九年金馬獎改革，行政院新聞局長宋楚瑜倡導，凡領有准演證的影片皆屬主題意識正確，因此來參加金馬獎則主題意識可不列入評分，但卻其實仍有個別評審在觀念上受到前述評分標準的影響，仍將主題意識奉為最高準則，直到八〇年代之後導演論抬頭。編導表現漸成決定影片得獎的最重要因素，主題意識才從金馬獎退場。

金馬獎效法金門馬祖奮鬥精神

一九六一年七月，沈劍虹出任行政院新聞局長，他認為電影獎應該要擴大辦理，讓民眾都知道政府鼓勵電影的作法，所以才要副局長龔弘和電檢處長屠義方積極規劃，統整獎勵國語片的政策並籌辦盛大的頒獎典禮，以取代尚未形成制度的「金鼎獎」。龔弘鑑於八二三炮戰聞名中外，所以以金馬基地命名，象徵效法金門、馬祖的克難奮鬥精神，這就是「金馬獎」命名的由來。又把頒獎典禮的日期設定在當時老總統華誕之時，所以金馬獎大約每年十月三十日或三十一日舉行，意即電影界把當年的成果呈獻總統祝壽。

同時金馬獎獎項仿奧斯卡金像獎、亞洲影展設計而增減，評分標準則比照金鼎獎再逐年視需要修訂，同時聘請相關方面人士擔任評審，凡上一年七月一日至本年度六月三十日在台攝製，或港九反共自由影人出品的優良而主題正確劇情片或紀錄片，都可以報名參加。

第一屆金馬獎於一九六二年十月三十一日舉行，由演出香港電懋公司的《星星・月亮・太陽》得獎的第一屆金馬獎影后尤敏，代表得獎人致答詞。沈劍虹局長致詞時明確宣示，重申金馬命名的原由，盼望國人效法金門、馬祖的克難奮鬥精神，爭取成功。

政治掛帥時期的金馬獎

金馬獎自一九六二年創辦至一九七七年，共舉辦十四屆，都由政府主控主導，因而有人稱之為「政治掛帥」時期。這段「官辦」時期的金馬獎，評審委員雖說由有關方面人士擔任，其實多數為學者專家；評審取捨雖說以主題為重，但僅有主題而無技藝者必定落榜，得獎的無論是影片或個人，都是當年度比較優良者；再則雖然此獎是電影界呈獻成果為總統祝壽而設，但是總統並不介入影展運作，更未出席頒獎典禮致詞或頒獎，所以至少還能讓電影人來做事，只是十六年的時間不算短，老的一套行之既久則僵化成為例行公事了。

這段期間李行是金馬獎的常客，他的作品經常在金馬獎得獎，從《街頭巷尾》在第二屆得了最佳童星獎開始，《養鴨人家》在第三屆一口氣抱回最佳劇情片、最佳導演、最佳男主角（葛香亭）、最佳攝影（賴成英）等多項大獎，然後是《婉君表妹》的優等劇情片獎、《啞女情深》的特別演技獎（王莫愁）、最佳音樂獎及最佳錄音獎，第五屆《貞節牌坊》得到最佳男配角獎（崔福生），第六屆《路》得到最佳劇情片的大獎、最

一九六五年十月，李行以《養鴨人家》一片獲第三屆金馬獎最佳導演，從時任行政院長的嚴家淦手中領得獎牌。

佳男主角獎（崔福生），像《群星會》、《彩雲飛》、《母與女》得的是小獎，可是《秋決》、《吾土吾民》、《汪洋中的一條船》就都拿到了最佳劇情片獎，《秋決》和《汪洋中的一條船》更奪下最佳導演獎，也讓李行個人的最佳導演獎座累積到三座。

宋楚瑜改革金馬獎

金馬獎辦到第十五屆時，無論它的官方色彩如何，它已經是台灣電影界最重要的一場競賽，辦得好不好也是大家關注的焦點，很多人對這個獎怎麼辦都很有意見。

到了一九七八年，宋楚瑜擔任新聞局局長後，對電影事業比之前的首長還投入，他先邀請影界人士座談徵詢，決定試辦改革金馬獎，如有成效，來年再正式進行改革。第十五屆把評審工作改為兩階段，第一階段評審看完全部參賽影片後，開會討論，投票表決提出入圍影片及各單項名單並公佈之，第二階段換由不同的學者與專業人士評審，看完全部入圍影片後，於頒獎同日入圍決選，選出得獎名單後密封，到頒獎典禮再拆封公佈。頒獎典禮更從下午改於晚間舉行，舞台經過設計佈置，邀請王豪、凌波擔任主持人，並由資深影人分別頒發各獎項，主持人、頒獎人、得獎人的訪談、致詞簡單扼要，中間還穿插表演節目。

這第十五屆金馬獎試辦改革成效卓著，如提名的三位導演均到齊，《汪洋中的一條

一九七八年，李行從王引導演手中接下金馬獎最佳導演獎座，這是他第三次獲最佳導演獎。

船》的李行人在台北，《賣身契》的許冠文從香港來，《蒂蒂日記》的陳耀圻自美國趕回，李行誤信謠言，以為自己拿太多獎了不可能再得獎，因此沒有準備領取最佳導演獎的謝詞，以致臨時上台不知說些什麼，激動得高舉獎座，只強調一句「這是公平的」。

第十六屆就可以開始大刀闊斧了，宋楚瑜提出「風格」、「創新」、「研究」精神與「專業化」、「藝術化」、「國際化」的目標。之後，每屆金馬獎的舞台、表演節目都精心設計，由台視、中視、華視三家電視台輪流全程錄影轉播，頒獎人、評審委員精挑細選，參賽影片由各公司自行報名，也是兩階段評審，金馬獎因而漸成國際矚目的一年一度電影盛會。

在宋楚瑜主導下，自此每年的金馬獎都有特色，也都辦得順利圓滿。到了第二十屆時剛好第二十八屆亞太影展正好也在台北舉辦，一九六四、一九七四年的先例是停辦當年金馬獎，不過宋楚瑜認為兩者性質不同，亞太影展為區域性國際影展，金馬獎是獎勵優良國片的國家影展，不宜中斷，而決定繼續辦理。於是貴賓與代表們上午參加亞太影展揭幕，晚上又參加金馬獎盛會，結果在冠蓋雲集中，兩項影展都辦得有聲有色，頗得亞太地區與歐美各國電影嘉賓的稱許，甚至後來日本承辦亞太影展及辦理東京國際影展時，都參考了這個模式。

金馬獎成立專責機構

得到影界人士及觀眾歡迎的金馬獎的改革，卻被另一些人所否定了，特別是在立法院，有資深立委譴責新聞局只會辦金馬獎，別的事都不做，甚至還打算杯葛新聞局預算，致使改革歷經五年，已經上軌道的金馬獎，面臨存亡危機。宋楚瑜廣徵意見後認為放棄數載改革成果很可惜，決定新聞局仍然負擔經費，但實際執行工作則轉由電影公會團體辦理。於是金馬獎從第二十一屆至二十五屆，由中華民國製片協會、台北市片商公會、台灣區製片工業公會、台北市演員工會等團體輪流辦理，由新聞局給予編列經費，這種作法是把金馬獎由官辦改為官辦民營。

但是輪流主辦，經驗不能傳承，於是一九九〇年開始，第二十七屆金馬獎由行政院新聞局交由民間成立常設機構，由李行負責籌劃，設立台北金馬影展執行委員會，敦聘九至十五位電影學者及電影團體負責人擔任執行委員，設主席一人、祕書長一人，負責推動會務，祕書處下設三個組，祕書組、國內組、國際組。李行被推選為第一屆執委會的主席。

這種官辦民營的機構當時並不多見，如何運作也沒有一套標準作業程序，完全要看執委會主席的行政能力。李行在電影界的輩份高，不管是老導演或新導演都對他服氣，這也是李行的人和本事，加上和企業界關係良好，募款順利，在政府補助款並不充裕的情況下，他經手的幾屆頒獎典禮都辦得風光盛大，事實上這幾年的電影業也還沒開始走下坡。

金馬三十，總統出席致詞

一九九三年的第三十屆頒獎典禮，因逢金馬獎三十年，又遇電影年，擔任金馬獎執行委員會主席的李行全力投入，有許多前所未有的創舉，如邀請大陸影人代表團參加頒獎典禮，又設了大陸影人特別獎，並頒給從影五十年的三十二位資深影人終身成就獎，還與People雜誌合作評選出金馬風雲人物，息影多年的與當紅的大明星均由國外來台參加盛會，堪稱冠蓋雲集，極一時之盛。

而且這一屆還開了一個先例，就是邀請國家元首出席頒獎典禮。也因總統出席而其他政治人物也踴躍出席，加上安全人員，頓時政治氣氛濃於電影氣氛。從金馬獎的創辦歷史來看，這個獎從命名到活動時間點，本身就是政治意味濃厚，邀請總統出席讓盛會到達高峰也無可厚非。可是事後檢討，對於政治搶了電影人的光采，電影界自身就有不同意見，最後好不容易形成共識：今後政界大員不上台、不頒獎、不致詞，最好是不光臨，往後每一屆的承辦人員也都儘量在這樣的默契下做事。

闊別台灣三十餘年的李翰祥（前排右四），於金馬三十終於獲准來台，與台灣電影導演協會好友相見歡。

李登輝為金馬三十頒發從影五十年資深影人終身成就獎。

平心而論，李行當主席是「公平的」，他全心全力投入，在經費不足的情況下，向企業界募捐專款專用，大興大革大動作，支持者讚嘆，許為果斷、有魄力。當然也有反對之詞，說他霸住金馬獎不放是大獨裁。

真實情況是，執行委員無給無權無責，只是聊供主席諮詢而已，主席若非大權獨攬則必無所作為，祕書長以下的工作人員因為一年中只有短期工作而無保障，於是人事異動頻繁，人事不穩定，工作不能銜接，金馬獎的檔案、文獻，乃至規矩、制度都大量流失而無法傳承，這樣的機構運作幾年後這些問題就都出來了。當年為了符合法令規定，讓金馬獎執委會隸屬於「中華民國電影事業發展基金會」，事實上對金馬獎執委會來說，該會只是一個收支票、開發票的單位而已，李行以執委會隸屬於基金會，經費、人事，甚至事權都不獨立，所以主張脫離電影基金會，另成立金馬獎基金會以符合現實狀況。但李行的主張受到業界反對，他自己也覺得應該交棒了，因而決定辭職。

執委會運作困難，李行功成身退

李行認為做這執委會主席最重要的是為電影界服務，也有很多人想角逐這個位子，不過並不是每一位有志於此職位的人都能抱持無私奉獻的精神，在沒有更適合人選之前，只好暫時由電影基金會董事長、中央電影公司總經理江奉琪兼代金馬獎執委會主席一職，江奉琪接任時就對李行說，「你留下的積蓄我都不會動用」，後來江奉琪因為忙於中影業務無法專注，一般金馬獎事務全由祕書處負責，金馬獎的應興應革，都來不及做，多半在原基礎上穩健辦理罷了。

李行交棒後那年的金馬獎頒獎典禮，他原本不打算出席，說已交卸職務了，責任也已了，不一定要去，但江奉琪力邀，李行也就去了。輪到頒最佳影片獎時，頒獎人是當時的新聞局長胡志強，他上台致詞，先說了一段話，然後話鋒一轉說，最有資格頒這個獎的是李行導演，把李行請上台頒這個大獎。其時李行的父親涵靜老人過世不久，他的心情還在父喪的陰影中低盪，來自電影界的好友們的關懷，讓李行倍感溫暖。

江奉琪之後由邱復生接執委會主席，白景瑞擔任祕書長，這兩人都是做事大手筆的人，邱復生才做一任就把李行任內積攢的一千多萬元盈餘花光了。近幾年，台灣社會籠罩在藍綠對立的政治氛圍中，金馬獎也成為政治角力的對象，頒獎典禮離開台北，到中南部輪流辦理。對於這一點，李行覺得金馬獎從台北走出去，能讓中南部的民眾參與影壇盛事，同時由地方政府補助經費，也解決了部份財務困境，未嘗不是好事，但是金馬獎執委會成立的最重要目的，是要傳承制度和經驗，如果主辦的主席和祕書長經常換，人事不安定，那麼要一個常設機構做什麼呢？尤其在台灣電影人口不斷流失的情況下，金馬獎也只是淪為少數電影人一年一度相互取暖的嘉年華會罷了。

金馬獎現況

「財團法人中華民國電影事業發展基金會」係由行政院新聞局捐助新台幣四十萬元、台北市影片商業同業公會捐助新台幣十萬元，於一九七五年成立，該會由國內重要電影團體所聯合組成之民間團體，以發展我國電影事業，並辦理電影界有關共同事務為宗旨，由於一開始設立就是這樣的結構，所以中影公司的董事長如江奉琪、邱順清等人，都同時兼任基金會的董事長，而片商公會的理事長則擔任常務董事。當金馬獎要由官方交民間主辦時，在法源方面就找到由這個基金會來作為財務轉手單位，該會主要工作項目有培育電影專業人才、獎勵優良電影從業人員、鼓勵攝製優良影片、拓展國片海外市場、蒐集電影相關資料、解決電影事業問題及辦理一年一度之金馬獎影展活動等。一九九九年基金會改組，片商公會不甘只是橡皮圖章，開始爭取掌權，當時的片商公會理事長王應祥當選基金會董事長，之後片商公會的理事長兼任電影事業發展基金會董事長成為常態，但自二〇〇一年六月一日起停止隨票徵收一元電影輔導金後，該會現已無固定收入，僅仰賴基金孳息及房租收入維持會務之進行，目前業務只有輔助各電影團體健全會務及辦理一年一度之金馬獎影展活動等兩項。尤其是一年一度的金馬獎活動等於是基金會的主要工作。

然而金馬獎有常設機構執委會來維持運作，最近幾年，電影事業發展基金會卻以主管單位之姿，想藉由決定人事的權力來掌控金馬獎，李行曾經是金馬獎的掌舵者，加上對電影事業的關注，他嚴正呼籲由片商公會主持的基金會應放下權力，讓金馬獎執委會主席和祕書長有獨立運作的自主權，如此金馬獎才能讓有理想、有能力的人來做事，把經驗傳承下去，從長遠發展來看，讓金馬獎成立獨立自主的財團法人基金會是理想的作法，而「電影事業發展基金會」就應該讓它多為發展台灣電影事業做出有力的貢獻。

三　兩岸文化交流之路

一九九〇年，李行接到來自對岸的邀約，請他以台灣電影導演協會理事長身份組團訪問大陸，他心想未來如果有機會擔任黨職或公職，赴大陸交流可能會留下話柄，對於是否接受邀請感到猶豫。在當時的政治氣氛中，李行的顧忌，也不能說太過保守，但大哥子弋認為這是民間的文化交流活動，政治性不強，應該沒關係，父親李玉階也說這是中國大陸第一次正式邀請台灣電影人，機會難得。於是李行同意組團，九〇年十月初亞運結束，他十二日率團赴大陸，也就此開啟他十多年來兩岸文化交流之路。

台灣電影人第一次正式登陸

這次赴大陸是由大陸電影家協會正式邀請，李行以電影導演協會理事長身份，和宋存壽、蔡揚名、林清介、萬仁等一行八人，組成台灣電影導演訪問團，抵達北京、西安、上海訪問十三天。這是兩岸隔絕四十年來，第一次由大陸電影界邀請，開啟了台灣

一九九〇年十月，李行應大陸電影家協會之邀，偕同台灣電影導演訪問團前往大陸訪問，堪稱兩岸電影界的破冰之旅。

電影界正式組團的海峽兩岸的交流活動。李行帶了三十多部台灣電影錄影帶，供大陸同行觀摩，雖然之前李行的電影《彩雲飛》和《汪洋中的一條船》已經在大陸公開上映，但是這麼多又水準整齊的台灣電影，還是讓大陸影人大飽眼福，讚嘆不已。

隔年十一月，中國電影家協會在北京主辦「金雞百花雙獎頒獎典禮」，正式邀請台灣電影界攜片組團參加，由時任金馬獎執委會主席的李行領隊，帶去的影片有萬仁的《胭脂》，以及湯臣投資、葉鴻偉執導的《五個女子和一根繩子》，並在會場張貼金馬獎海報，隨行的萬仁和蘇明明、徐楓和葉鴻偉，都很受大陸影界重視。

現在兩岸交流頻繁，這些點點滴滴的往事似乎不算什麼，但回頭看如果沒有當年前人一步一腳印走過來，兩岸如何能有今天的融洽交流！就像在九〇年代初，李行擔任金馬獎執委會主席之後，一直想擴大金馬獎的影響力，邀請大陸重要影人參與就是方向之一。一九九〇年五月，李行第一位邀請的對象，是在美國講學的大陸西安製片廠廠長吳天明，以及張藝謀、鞏俐、姜文、劉曉慶等當紅導演及明星，但是都沒有獲准來台，只來了旅居法國的大陸影人叢珊，因擁有第三國護照，才得以來台。

兩岸三地導演會

李行九〇年在睽隔四十年之後首度回到中國大陸的土地，台灣、香港和大陸兩岸

一九九二年一月，第一屆「海峽兩岸暨香港電影導演研討會」在香港舉辦，是睽隔四十多年後，兩岸三地影人首次相聚。

一九九五年一月，第三屆「海峽兩岸暨香港電影導演研討會」在台北舉辦，三會會長相見歡，左起吳思遠、李行、成龍、楊仲範（時為新聞局電影處長）、吳貽弓。

三地的電影界人士的接觸也就正式而密切起來。於是香港電影界由吳思遠帶頭，台灣由李行領軍，一九九二年一月十日在香港舉辦了第一屆的「海峽兩岸暨香港電影導演研討會」，來自大陸的知名導演有謝晉、謝鐵驪、黃健中、吳子牛、吳貽弓、謝飛、黃建新等十九人，李行則偕同白景瑞、丁善璽、蔡揚名、林清介、李祐寧、黃玉珊等二十人與會，而作為東道主的香港電影導演協會充份利用地主優勢，導演會會員除了正在拍戲的之外，都輪流到會場來，先後出席的有吳思遠、徐克、姜大衛、爾冬陞、曾志偉、李翰祥、張徹、楚原、王晶等。兩岸三地的導演、影評人等藉由此集會有了交流的平台，同時會議中大家針對電影事業的發展等論題提出意見討論，使得研討會有一些具體的成果，所以聚會圓滿結束後，大陸就籌設成立「中國電影導演會」，原則上每年辦一次研討會，兩岸三地輪流主辦。

一九九三年一月十日，大陸在上海主辦第二屆「海峽兩岸暨香港電影導演研討會」，大陸電影導演會也同時舉行成立大會。這也是李行一貫的想法，「可見三地導演會在兩岸交流上產生了影響，大家有機會熟悉以後，彼此就可來往，中國人常說，見面三分情，我在擔任金馬獎執委會主席時，也在這方面努力，像九二年年底的金馬獎就邀請謝晉組團來參加，雖然大陸的影片未能通過在影展放映，因而大陸代表團拒絕參加頒獎典禮，晚了幾天才到，但是他們還是來了，也可以說是大陸電影人第一次正式來台灣參訪，意義非常重大」。

台灣電影導演協會成立時，正是台灣電影業低潮時候，會員大多是沒有電影拍的失業導演，部份新銳導演又自視甚高，不願和老人多來往，全仰賴李行電影界的地位與人脈，逐漸改變新銳導演的觀念，越來越多人願意參加，也讓這個導演會有影響力。更難得是一九九五年的第三屆「海峽兩岸暨香港電影導演研討會」在台北召開，靠李行募款有了經費，辦得圓滿順利，讓大陸和香港的影人見識到台灣電影界的團結。自此以後，改為兩年三地輪流主辦。

台灣電影導演協會成立到現在已經第七屆了，李行兩任屆滿之後由林福地接任，之後由朱延平接棒，現在第七屆會長是侯孝賢。李行是催生這個會的主要人物，即使交棒了，仍然積極參與，政黨輪替綠色執政後，藍色色彩濃厚的李行募款比以前困難，但輪到台灣主辦三地導演會時，他仍然和會長朱延平四處奔走、看場地、募款，二〇〇七年一月第九屆「海峽兩岸暨香港電影導演研討會」，得到胡志強市長的大力支持，在台中召開。他全力推動，全程參與，這就是李行。

中國電影一百年

二〇〇五年十二月十日，李行在北京釣魚台國賓館，參加中國電影一百周年國際論壇，在開幕式發表演說，他以一個電影工作者真誠創作的心靈，講出了對中國電影熱切的時代使命，流露出對在台灣電影草創時期一起並肩作戰的友人的追念摯情，讓在場來自東西方和兩岸三地的電影學者、知名導演及電影評論家，數度為這位為中國電影奮戰一甲子仍不停息的電影工作者熱烈鼓掌，李行本人在致詞時也幾次哽咽，熱淚盈眶不能自已。

這是百年來中國電影史中，歷史性的一刻。從一九〇五年由京劇名角譚鑫培主演的《定軍山》紀錄片，到二〇〇五年正好一百年，這是電影界的盛事，就像李行在致詞時說的：「百年才一次，多麼難得的機會，就是重新投胎也來不及了。」這個盛大的慶祝活動，邀請了包括義大利威尼斯電影節主席馬可穆勒、加拿大蒙特婁電影節主席塞爾日羅西克等東西方電影界重要人士參與，主辦單位以李行「作為國際上有重要影響的電影導演及研究學者，長期關注中國電影發展，熱心推動中外電影國際合作」的突出貢獻，而邀請他出席，並在開幕會上發表演說。

同時在這個國際性的活動中，大陸電影界特別為他發行一套兩張限量的紀念郵票，這套紀念郵票以十六張的《定軍山》的八十分錢郵票，搭配李行一生中具特別意義的關鍵照片以及重要電影作品的海報劇照，再蓋上北京中南海郵局的首日封郵戳，而且在百年的時光歷程中，在兩岸三地眾多有成就的導演中，只為李行發行這套紀念郵票，可說深具意義，讓李行意外驚喜之餘，也十分感動。

紀念郵票上的圖像，有李行出生三個月在母親懷抱裡的照片，以及少年時李家四兄弟的合影，也有李行伉儷七十歲合影等，還有《秋決》、《汪洋中的一條船》、《小城故事》、《街頭巷尾》、《養鴨人家》、《婉君表妹》、《心有千千結》、《海鷗飛處》、《早安台北》、《原鄉人》、《又見春天》等十一部重要電影的海報、劇照。更特別的是封底襯托著一張大而清晰的李家三代合影的照片，攝於一九九四年十一月十四日李行雙親結婚七十週年慶祝會後。十六張小郵票，具體而微呈現出李行成長背景中的文化滋養，以及在電影事業上的成績單。

李行在「中國電影一百周年國際論壇」上發表演說，演講中說出了對中國電影熱切的時代使命，也流露出對在台灣電影草創時期一起並肩作戰的友人的追念摯情，數度哽咽，不能自已。

李行在中國電影一百周年國際論壇開幕式上的演說內容如下：

我，身為台灣電影人，也是中國電影工作的一份子，能夠在紀念中國電影誕生一百年的國際論壇開幕大會上講話，感到十分榮幸，也非常高興。

從一九〇五年，我們中國人拍攝了第一部電影《定軍山》開始，到今天，中國電影已經走過整整一百年的歷程。這一百年的中國電影史頁既是光輝燦爛的，也標示著一代一代的中國電影工作者的辛酸和驕傲。一百年來，中國電影經過各種考驗，有戰爭的磨鍊、有生活的掙扎，還有西方文化猛烈的衝擊，在高山、在平原、在大海之濱、在所有中國人的地方，穿透雨雪風霜，克服艱難困苦，為廣大中國人民，創造了許許多多優秀的電影，深受觀眾喜愛，也得到了世界的關注和尊重。今天，有這麼多位的國際電影人士來共同紀念中國電影一百年，足以證明中國電影在國際上的重要地位和影響。

台灣電影是中國電影不可分割的一部份，台灣電影的成長歷史，與大陸電影有著密切的傳承關係。像我們這一代的電影創作者，都是看著三、四〇年代的電影長大的！就我個人來說，從小就是愛看中國電影的影迷，隨著中國電影藝術的腳步成長，像當年的影片《大路》、《漁光曲》、《馬路天使》、《十字街頭》、《八千里路雲和月》、《一江春水向東流》、《萬家燈火》、《關不住的春光》、《新聞怨》、《小城之春》、《假鳳虛凰》、《艷陽天》、《大團圓》、《哀樂中年》……等數不清的經典作品，那些動人的故事情節，優美的歌曲旋律，真實震撼的鏡頭畫面，尤其是前輩們人道關懷的精神，深刻的思想內涵，傳承了中國五千年歷史文化道統，始終在腦海迴旋激盪，感動不已，令我終身難以忘懷，並且影響了我的創作理念和電影道路。可以說，我是受了這些優秀電影的滋養和啟發，才有了後來六〇年代台灣電影的「健康寫實」製作路線，也才有了數十年來台灣電影一脈相承的傳統民族文化精神，這是一個無法抹煞的事實。

近半個世紀以來，台灣電影從健康寫實起飛，經過幾代電影人的不懈追求和努力，曾經創造了值得驕傲和自豪的成績，從六〇年代起，攝製了國、台語影片五千多部，有很多導演的作品，先後在國際影展和電影節上獲獎，贏得了普遍的國際聲譽。在這裡我特別緬懷當年創建「健康寫實」製作路線的龔弘先生，我的老友李翰祥導演、白景瑞導演、胡金銓導演，他們都已經先後過世了，但是他們為台灣電影的拓荒、發展、繁榮做出許多不可抹滅的貢獻，我想歷史會永遠記得他們！

近年來，由於種種原因，台灣電影面臨空前的困境，我們當然不甘心就此沉淪，我們還要積極努力，尋求新的發展空間和發展機會。

與此同時隨著大陸改革開放的深化，海峽兩岸電影文化交流日盛，我們期盼兩岸的電影政策能夠更形開放，進而兩岸電影合作日益密切，促使兩岸共同開發和經營一個更為廣闊的電影市場。這也展示了一種新的發展遠景，海峽兩岸電影文化的交流與整合，不僅使中國電影的概念更加完整，而且也為未來共同繁榮發展打下一個堅實的基礎！

兩岸隔絕了半個多世紀，彼此所寫的電影史，可以說是偏頗不全。多年來，我一直認為一部完整的中國電影史，應該包括了兩岸三地——大陸、台灣、香港以及全世界華人所拍攝的中國電影的全部紀錄！我曾經對大陸電影界的朋友說過這樣的話：「兩岸的和平統一，那是政治家的事情，我們無能為力，但是在國家統一之前，讓我們的電影史先統一起來，我們可以做得到！」從二〇〇二年九月開始，在中國電影史學家程季華先生主導下，兩岸三地熱心的電影人推動下，我們完成了一部「中國電影百年圖史」，我們做到了！

中國電影史終於統一了！進一步我們認為兩岸的電影也應該統一起來！這是我們全體電影工作者義不容辭的歷史責任！希望我們共同努力，從各種具體事情做起，讓我們為此共同祈願，早日實現兩岸電影的統一！

我們非常歡欣的過了第一個一百年，當我們進入第二個一百年的今天，祝福大家健康長壽，中國電影有美好的明天！

李行在大陸住了十九年，之後到台灣，住了六十年，他在電影裡賣的中國東西，都是那十九年的印象，所以他九〇年在睽隔四十多年後重回大陸，就承諾要為兩岸交流貢獻自己的力量，他認為台灣電影是中國電影的一部份，若不是李行極力倡導，大陸的中國電影史不會收入台灣的部份。

李行在台灣到二〇〇八年剛好是一甲子，他決定要在這兒終老，若有人說他來台灣這麼多年，不會說台語，以語言來界定他的認同，他覺得這是不公平，也是不厚道的。當年他拍健康寫實路線的電影，以《養鴨人家》為例，當時正在推行國語運動，這是國民政府在大陸時期就開始的活動，他認為語言是溝通的工具，政府當時推行國語運動，也是為了解決當時來台時各地鄉音複雜的情況，讓國人有一個統一溝通的語言，《原鄉人》中有一個老校長和學生們一起學注音符號的場景，就具體呈現當年推行國語運動的景況。

「政治上兩岸何時統一，我們不能決定，但電影史應該先統一」，這正是李行一貫的理念，他做到了。

四　李行工作室

二〇〇一年時，李行在靠近他住家附近租了間辦公室，門旁掛了一個「李行工作室」的牌子，意味著李行的電影事業要在這兒延續。

在忠孝東路僻靜的巷弄裡，四十幾坪住家型的房子，原是客廳的地方擺放了幾張辦公桌及電腦，再往裡是一間小型會議室，還有一部電視及DVD光碟機，再往裡走是李行的辦公室，另有兩間空房則作儲藏室，看起來麻雀雖小，五臟俱全。就在這兒，精簡的工作人員，到大陸惠安完成了廿五集的電視連續劇《小城故事》、拍攝了柏楊原著改編影片《龍眼粥》，同時計畫籌備鍾理和的傳記電視劇集《原鄉人》以及改編鍾理和小說《笠山農場》為電視連續劇……

最重要的工作，則是計畫在二〇〇九年推出的那齣改編關漢卿雜劇《感天動地竇娥冤》的舞台劇《夏雪》。

一九九三年，李行應製作人歸亞蕾之邀，執導曹禺舞台劇名著《雷雨》，為此他特地赴大陸拜訪曹禺。曹禺是李行從小景仰的戲劇大師，當面請益，曹禺親切謙和的言談，令李行深受感動。

從《秋決》到《夏雪》

拍完《秋決》後，李行念念不忘要做的事是把好友謝家孝的小說《跪在火燙的石板上》搬上銀幕，但是歷經預定男主角歐威的過世、李行自身創作熱情的消退，以及原著及催生者謝家孝也過世，加上整個台灣電影環境的大崩壞，這個願望眼看著是無法實現了，反而是他的另一個計畫，也是他始終無法忘情的舞台劇《夏雪》，積極籌備計畫在台北的國家戲劇院上演。

戲劇科班出身的李行，中學時看學長學姐演舞台劇，對戲劇一直無法忘情，蘇州社會教育學院藝術教育系戲劇組的學習雖然只有短短半年，卻讓李行對戲劇的熱愛一直延續下來，所以他在台灣省立師範學院時，主修的雖是教育，佔去他學生生活最多時間與回憶的卻是課外活動——舞台劇。雖然他後來走上電影之路，但一有機會，仍然會回到舞台，所以在拍電影之餘，他也曾和國防部藝工總隊話劇隊合作演出舞台劇《星星・月亮・太陽》，然後是《雷雨》、《昨天・今天・明天》。因為做了電影，李行在導舞台劇時，免不了將電影技巧運用到舞台劇上，像《昨》劇中場景的切換，就運用了電影跳接的手法。

至於《夏雪》的原始構想，還要回溯到和林鳳嬌的合作。林鳳嬌婚後息影，李行曾想拍電影版的《竇娥冤》，林鳳嬌是女主角竇娥的不二人選，他幾次邀林鳳嬌以此片復出影壇，但因林鳳嬌和成龍的婚姻仍是不能說的祕密，當時成龍的演藝事業正如日中天，許多女影迷若知道成龍結婚，不知會有多麼激烈的反應，林鳳嬌認為她若復出拍戲，大家的焦點會集中在她和成龍的婚事的傳聞，可能會影響成龍的演藝事業，林鳳嬌最後決定專心當龍太太。

電影拍不成，李行就想把京劇故事改編成舞台劇，他先找張永祥做這件事，當時張永祥剛到華視工作，抽不開身，李行就找了貢敏來編劇，但是貢敏對於此劇的理念和李行不盡一致。李行的想法是要貢敏先把京劇改編成舞台劇，這個架構出來了，再一起討論加內容進去，但是貢敏想把竇娥的冤屈拿來和大陸文革對比，李行不認同這種太政治味的劇本走向，因此由貢敏編劇一事就擱下了。

李行導完舞台劇《昨天．今天．明天》時，就曾和編劇孫陽談過改編「竇娥冤」這個故事的念頭，問問孫陽有沒有興趣做這件事，孫陽說他想想，一想就好幾年過去了。二〇〇五年元月，孫陽告訴李行，他想好了，結果兩人碰面，孫陽把他構思好的內容說給李行聽。李行聽聽覺得孫陽改動原著太多，好像已經不是關漢卿的雜劇了，孫陽在說給李行聽的過程中，就提議說，乾脆他寫完劇本大家看過再來談。二〇〇六年年底，孫陽完成初稿，李行對舞台劇的熱情終於又被牽動起來。隔年年初，孫陽根據李行對劇本的意見調整內容，終於定稿。這個數易其稿的過程裡，《六月雪》變成《感天動地竇娥冤》又變成《夏雪》，李行和舞台設計專家聶光炎、新象總監許博允以及大哥李子弋都談過，大家都覺得孫陽的劇本很有創意，都支持這個計畫，李行心想，「客觀環境來看，我的電影心願《跪在火邊的石板上》能否實現，要打一個大問號，但是這個舞台劇，讓我有了當年創作《秋決》的熱情，李行已經是李行了，做舞台劇《夏雪》不一定加分，可是對我的藝術生涯來說，有了《秋決》，再來《夏雪》，將來也許還可以有『春』、有『冬』，而有一個完整的四季四部曲留在人間」。

原訂二〇〇九年元旦在國家戲劇院登場的《夏雪》，因大環境景氣實在太壞，經費籌措不順利而暫延，雖然如此，李行仍然想在二〇〇九年他八十歲這一年中，能完成心願，李行這個孕育多年的夢想是否能如願呢？大家都期待著。

五　天命

「父親常說：『我命由我不由天。』他一生的奮鬥、開創是很自我的。」李行說。

在李行的人生中，家庭是他很重要的部份，父親做任何決定，母親都帶著全家相隨，上華山、來台灣都是如此，等到孩子們成家立業，各自建立家庭了，父親母親維繫全家的力量仍然存在。這是一個保有中國傳統的大家庭，逢年過節都要祭祖，在李行父親為主的李家，兒輩、孫輩男女有別、長幼有序地叩拜祖先，平日逢年過節的團聚，都是以父母為主，倆老在何處，兒孫都會承歡膝下，倆老在世時從未間斷。

李行認為母親對他影響很大，他們兄弟很多生活習慣都受母親影響，尤其是華山上的生活，母親在那個物資艱困的年代，要打理一大家人的日用所需，沒有過人的本事是做不到的。像母親用西瓜皮炒毛豆，晒乾的西瓜子炒來當零食，還有父親的襪子破了補一補給大哥穿，舊了剪掉破洞再給老二穿等等，把物資的功能發揮到極致，一點都不浪費，李行認為這已不是技術，而是藝術了，他們兄弟看到母親如何持家，這些點點滴滴

一九九四年十一月，李行雙親結褵七十年三代合影。站立者左起：李行、李王為瑾、侄顯光、大哥子弋、弟媳周燕然、四弟子繼、堂弟光燾。

都在往後的人生路途上發揮作用。

至於父親，因為父親不苟言笑，又長年專注於弘教修行，一直要到出社會，才能和父親談問題，碰到婚姻、就業等人生大事，也都是先和母親傾訴、商量，母親轉告父親，父親才找孩子來談。因此父親對李行的影響，是一個中國傳統讀書人的風骨，傲上不傲下、有話直言，李行說：「這些理念，父親在辦《自立晚報》時，在很多方面都看得出來。譬如父親主張民眾應有言論和出版的自由，反對修正出版法，所以最後決心退出國民黨，並且在《自立晚報》的報頭下標誌了『無黨無派，獨立經營』八個大字。」

替父還債

父親也常對李行說：「你在電影上很有成就，應該跟著我來弘教。」李行回答父親：「你的天命是弘揚上帝教化，我的天命是終身從事電影事業，各領天命，各了天命。」雖然李行並未如父親期待，在弘教工作上多作奉獻，但李行在他事業有成時，也在財力上資助父親的弘教天命。李玉階退出《自立晚報》後跟朋友合夥做生意連年虧損，加上不擅經營，到了民國六十四年，積欠債務已有七百餘萬元，不得已只得出售仁愛路的住宅，得款五百餘萬元，但仍無法清償債務。於是李玉階對李行說，希望他拍一部電影為他償債。

那是一九七八年的事。當時李行已經和友人共組「大眾電影公司」，拍了幾部戲，確實賺了一些錢。有一天晚飯後，李玉階與李行父子閒談，李玉階說：「我今債務未了，生活無著，我非神仙，有時思想起來不免煩惱，叫我如何可身心安定，唯一希望我兒為我導演一部影片，資金由我調度，希望能賺點錢來還債。」

但李行對父親說，第一，拍一部戲，資金需要一千萬元，不易籌措；第二，拍片不一定能賺到錢，也有很多片子虧大錢；第三，他的時間很難分配，李行問父親：「父親究竟有多少債要還？我能為中影義務導演一部影片（指《汪洋中的一條船》），難道就不能以一部影片的導演收入，為父親還債和安排生活問題？」

李玉階說：「我的債務包括銀行及貼票，大約一百多萬，但求有朝一日，無債一身輕，我與汝母過著簡樸生活，安心修道辦道，余願足矣。」

李行聽父親這麼說，心情十分激動，就跪下向父親承諾：「兒願奉養兩老終老，父親若命中註定一子養老，這個兒子就是我，請父親從今時今刻起，安心修持、弘道，不要再為債務與生活擔心，我一年內把父親的債務料理清楚。」

李行為父親宗教事業的奉獻不僅如此，從他的電影事業有了發展，經濟基礎穩定之後，他就長期捐助跟支持，讓李玉階創立「天帝教」的宗教事業發展底定，當然我們可以說，這是李行盡為人子的責任，可是如果沒有李行精神與財務的奉獻，他父母晚年安定的精神生活與救劫的弘願，又如何落實？隔年五月，李行向父親報告，債務已還清，李玉階高興地說他終於無債一身輕，也曾在他的日記裡，記下這時的心情：「從去年夏秋之交，老三接受我的要求，以他導演一部電影的收入新台幣壹佰萬元為我償還債務約九十萬元，並深長懇切表示願奉養兩老，直到歸天。我之決心茹素、拋棄俗事、安心辦道，由此而起，他的功德也真不小。」

父親能承擔，母親願成全

李行像母親，不止是性格像，相貌也像。有一次雕塑家李蘇羽教授要為李行母親塑銅像，拿了她為李行母親拍的各種角度的頭部照片，對照著塑模，卻怎麼試也不滿意，後來看到李行，就對照著李行的臉來修正，才得到滿意的作品，可見李行不僅長得像母親，連神情都維妙維肖。李行的母親是一個對自己要求很嚴格又願意「成全」的人，父親則是個性豁達願意「承擔」，李玉階毀家辦道，要上華山時，變賣掉所有家產，後來為了支持在山上多年的生活日用，母親的首飾可說變賣殆盡，連盛老太太送她的一套意義非凡的首飾也賣了。母親節儉、顧家，李行也遺傳了這種性格，家族中有任何事，都來找李行，他的八叔過世時，筆者正在李行工作室進行訪談，聽見他在電話中聯繫這，聯繫那。

一九九四年十一月，李行雙親結褵七十年，此幀為李行伉儷與父親最後合影。

李玉階是大而化之的個性，不管是福台公司，或是後來經營《自立晚報》，他自己都積欠了大批債務，但卻也大方的將一位友人的債務一筆勾消。李行說，父親在日記裡寫道：「我這窮人，今天做了一件超世俗且極有意義的事，使我內心感到十分安慰，我友詹某近年來一直貧病交加，因此我在證人王大空、周仁德及達兒面前，將借據、支票、賬單約台幣兩百三十餘萬元，交由他的長子手收，從此了斷債權債務關係，並囑其回去稟告乃父，安心養病，日後若發了財，有了錢，隨願還我，助我辦道，濟世救人好了。」

長子顯一車禍過世

李行當年在家徒四壁的情況下結婚，婚後一直不敢生孩子，怕生了養不起，是在前輩演員王玨的鼓勵下，一九五六年長子出世，出生時因難產，還輸了李行的血才哭出聲來。李行按照李氏家譜排行，為他取名顯一，又因李行和妻子王為瑾談戀愛時，為瑾最喜歡的一首歌的男女主角就叫強尼與愛麗絲，於是給顯一取小名強尼。

李行教育孩子非常嚴謹，細節絕不馬虎，有一次李玉階到李行家來，談完事情要回去時，當時顯一在客廳看書，李行要他開車送祖父回去，顯一坐著不動，祖父說不必，他自己回去就好了。李行送父親出門後返回客廳，對著兒子就是一個耳光呼過去，那時顯一都已經是大人了。

顯一大學畢業服完兵役後，到美國洛杉磯攻讀電腦學位，他有感於父親李行做了一輩子導演工作，卻是兩袖清風，決定從事電影發行工作，先後在台灣和美國創業，做外片進口、自製錄影帶、地產仲介等，卅五歲隻身回國發展，先代理閣樓電影及錄影帶出版發行的業務，後來投入有聲出版事業，投資唱片公司。

一九九六年，顯一四十歲，剛搬進林口的新家，又獲扶輪社頒「功在扶輪」的獎座，事業、生活漸入佳境之際，卻不幸發生車禍，在榮總加護病房待了五天，仍然傷重不治過世。

得知顯一車禍，李行趕到醫院，就一直守候在愛子身旁，李行回憶當時：「我緊握著、親吻著他彷若乳香猶存的手，輕喚著他的名字，我多麼希望能像初生的時候一樣，輸了我的血就能從昏迷中醒來。只要能換得他一醒，要多少我的血，我都願意。」可惜顯一終究沒有再醒過來。

「一方面我要安慰為瑾，一方面要自己壓制內心的悲痛，我對為瑾說，除非我倆跟他走，不然我們還要活下去。」白髮人送黑髮人的悲痛，實是筆墨難以形容，信仰的力量帶領李行走過傷痛，他知道愛子強尼已和他爺爺在一起。治喪時，李行還為愛子編了一本紀念專輯《孝心，愛心》，他希望藉由這本專輯，讓顯一永遠活在大家心中，同時希望顯一那兩個年幼失怙的兒女，將來能從這本紀念專輯中，更清楚認識他們的父親。

四弟子繼猝逝

小弟子繼猝逝，對李行又是一個打擊。

二〇〇〇年二月，天氣很冷，子繼早起去便利商店買報紙，可能是天氣冷，穿著又單薄，回來後坐在椅子上看報紙，子繼的太太要回娘家，出門前回頭看了子繼一眼，看他還好好坐著看報。走出家門後，想起要拿女兒的照片給外婆看，於是又轉回臥室找照片，正在臥室翻尋時，聽見客廳傳來「咚」的一聲，出來一看，子繼倒在地上，她打電話給李行和天帝教的同奮，又打一一九叫救護車，可是他們住的巷道狹窄，救護車進不去，耽擱了一些時間，到達醫院時已經沒有生命跡象。

子繼原來就有糖尿病，這是家族的遺傳，像母親過純華就有糖尿病，可是只要注意飲食，按時吃藥，應該可以控制病情，李行認為，子繼也許因為父母都享高壽，而心存僥倖心理，有時會因貪嘴而忽略自己的病癥。更讓李行遺憾的是，子繼過世前一天，兄弟曾有一次不愉快的談話。

子繼過世後，李行和大哥曾經談起，子弋就分析小弟的心理，他一直覺得自己落後兄長，而力爭上游，這種不服輸的心理，可能是造成他在事業上不穩定的主因。李家四

一九六七年四月，大哥子弋與四弟子繼到士林中影製片廠參觀《路》片街道外搭景，三兄弟合影留念。

兄弟，子繼和大哥差了七歲，和三位兄長從小就玩不到一塊，是那個老是落隊的小毛頭，成人之後，大哥子弋是大學教授，二哥子堅一直在國外生活，在《紐約時報》擔任組合編輯，李行是知名導演，而子繼似乎在事業上的成績並不明顯，於是他總是東做一點，西做一點，曾經開公司做生意，也是慘敗收場。當他從《經濟日報》退休後，拿了一點退休金，兄弟們勸他，這一點退休金，加上女兒們的孝敬，兩老省吃儉用可以過日子了，但是子繼仍堅持要做一番事業，於是和朋友們合夥，買下《民族報》執照，打算改造成兩岸新聞的專業報，結果賠得一毫不剩。

子繼去世的前一天，李行約他吃午飯，就在住家附近的小館子。李行想要了解小弟的財務狀況，兩人談話氣氛不太愉快，李行愛之深責之切，對小弟說了幾句重話，子繼就對三哥說：「不要這樣說話，給兄弟情份留點餘地吧。」李行在氣頭上，沒有吭聲，分手時，兩人不歡而散，子繼頭也不回地走了。那幅場景深深烙印在李行心中，也留給他永遠的遺憾。

父親過世、母親過世、長子顯一過世、弟弟子繼過世，這幾個親人的相繼過世，對李行的人生觀產生了重大影響，他和太太常對女兒表示，他們死了之後最好是樹葬，海葬、山葬也可以，同時他也理解到，生命終有盡頭，該做的事仍然要做，因此他到了可以含飴弄孫的年紀，卻仍辛勤工作不休，就是不願無所事事，等待人生的終點。他覺得自己要像一個善走的行者，不疾不徐，自然地走下去。

天命——涵靜老人傳記片集

曾有記者訪問李行，問道他電影中刻劃的許多嚴父，是不是父親的寫照，李行回答道，耕樂堂李家傳承的中國文化是男有別女有分，但在李行成長中李父雖是一家之主，但因父親常年靜坐修行，母親總攬起生活的大小瑣事，感覺上反而是慈父嚴母，現實生活中雖然李行從未把父母的形象投射到電影角色裡，但大哥李子弋看到《秋決》中的唐寶雲，卻一眼就說彷彿看到自己的母親。

中國電影走過百年，在兩岸的發展卻呈現冷稀與繁盛的對比，不禁讓熱愛電影事業的李行不勝唏噓，但他仍雄心不減，堅持說：「在我有生之年，我還要為中國電影奮戰。」李行在二〇〇一年時，成立李行工作室，這些年來，信託一位電視導播到大陸福建惠安完成廿五集電視劇《小城故事》，為了培養台灣電影新進導演，拍攝作家柏楊同名電影《龍眼粥》，以及同時也積極籌劃拍攝台灣第一代鄉土作家鍾理和的傳記電視劇集《原鄉人》以及鍾理和文學劇場，改編自同名小說《笠山農場》的電視連續劇，這兩年的重頭戲則在籌備舞台劇《夏雪》。做這些事，也可說耗盡了李行一生的積蓄，甚至還讓他背負了一些債務，但他仍然無怨無悔。

有一天，大哥子弋看到「李行工作室」在艱難的影劇環境中努力撐持著，率直地指出：「你知道嗎？李行工作室成立的最大天命是要為我們的父親、母親立傳，也就是要拍攝《涵靜老人》傳記片集。」大哥的話讓李行一語驚醒，他說：「其實為雙親立傳是我既定的拍攝計畫，也是我的心願，當然更是我的天命。」當年父親要他放棄電影，和他一起弘教，李行就對父親說：「弘教是你的天命，電影是我的天命。」而今李行的電影天命和弘教天命合在一塊兒了。

一九九〇年中國電影家協會首次邀請李行組團訪問大陸，李行正在猶豫不決，當時還健在的父親涵靜老人就對李行說：「還有什麼榮譽，比超過十二億中國人對你在電影上的成就的肯定更值得你驕傲？」父親這句話，更堅定了李行拍攝《涵靜老人》傳記片集的大願。李行說：「沒有母親的成全，就沒有父親的天命，拍攝《涵靜老人》就是為雙親立傳，這是我的天命，但與實踐為中國電影奮鬥的理想並不相悖，也能互助互補吧。」

這些年來，李行一直在構思這部傳記片集，並常常和大哥交換意見，但這確實是一件浩大的工程，必須全心投入，幸好李子弋在二〇〇七年初正式交卸了天帝教第二任首席使者的重責大任，可以有比較完整的時間，有計畫地、分階段地幫助李行拍攝這部紀錄片。

李行慎重地宣示：「我會親自執行導演工作，一定要在大哥和我的有生之年，完成這部天帝教教史的傳記片集。」這是李行的天命。

卷貳／少年李行

一　耕樂堂

家在哪裡？

這是個難題，很難釐清的問題。雖然李行心中自有答案，他的家在台灣台北，現住在仁愛路四段的巷子裡。他在台北住了六十年，大馬路邊的洗衣店是他送洗衣服的地方；街口那家大醫院的牙科是他固定治牙的診所；過一個巷子的超市，他在那兒買生活日用品；出門搭公車或坐計程車，都已是數十年的習慣了，李行很清楚，他的家在這兒，那麼那個戶口名簿上的記載，原籍江蘇武進呢？那處曾掛著「耕樂堂」題匾的蘇州祖屋，雖然現在也已面目全非，可是那是父親出生的老家，是李氏家族的源頭。

飲水思源、慎終追遠一向是中國傳統文化的一環，理解先人走過的足跡，也是省視自身生命的一個重要歷程。對李氏家人來說，涵靜老人李玉階先生的一生經歷，既是一部近代史，又是一部宗教史，晚輩們常思從涵靜老人向上追溯李氏家族，以之為中心撰寫年譜，但他老人家以「我是一個平凡的人，我的一生，又有什麼保留價值」為由婉拒，以致他去世多年之後，李氏耕樂堂的家乘和精神，產生了無法全面補闕的遺憾。

耕樂堂，詩書自娛

在有限的家譜中曾記載著耕樂堂的祖先兩段悲愴的血淚紀錄，一則是第廿世祖嶽生公，清咸豐年間在常州率義軍抗禦太平天國暴亂，兵敗殉難奉旨崇祀忠烈祠，賜襲雲騎尉世職；另一則是第廿一世祖伯房公本名鍾浚，為嶽生公獨子，承襲雲騎尉世職，分發浙江，加五品銜授諸暨宰，依據常州張九如先生撰〈李玉階先生六十壽敘〉所記載：「祖伯房公宰諸暨，剛正廉敏，以開倉賑災坐劾，貧無為殮，民殮之若父，德臣公痛父所遇，釋褐不仕，匾其居曰耕樂堂，詩書自娛，一門餘慶，累世垂光。」

李氏世系表中記載著：「祖父伯房公因公病歿諸暨，祖母攜孤扶柩（子恭、寬、信、敏四人）前往蘇州投奔兩祖姑，長姑適湖南魏彥公，二姑貞孝，不字，研究佛學，皈依弟子遍佈大江南北，奉為清修小姐。奉旨欽旌『貞孝』建坊。全家遍承兩祖姑照顧，遂在蘇州定居。」

這就是李氏「耕樂堂」定居蘇州的緣由，但蘇州老宅對廿四世的李行兄弟來說，只是族譜上的歷史文字，也只有透過父親涵靜老人在家庭聚會時，回憶他所聽得的往事，讓後代子孫得以藉由說故事講古般的敘述，彷彿重回先祖胼手胝足創建「耕樂堂」的歷

一九九九年十月，大哥子弋率同家人赴大陸尋根之旅，在蘇州耕樂堂祖宅合影。

史現場。

涵靜老人說：

伯房公仁心愛民，擅專啟倉賑災，受到言官彈劾，奉命繼續留職，以官俸扣償，終以積勞死在任上，身後蕭條，一貧如洗，由諸暨仕紳人民資助入殮，並雇船循返常州，但到蘇州已經沒有旅費，只好投奔伯房公的二胞妹，我的祖姑貞孝小姐。貞孝大小姐，終身未嫁，研究佛學，弟子遍佈大江南北，清代郵傳部尚書盛宣懷夫人也是皈依貞孝小姐學佛。由大小姐的弟子們置贈座落在蘇州大石頭巷牛車弄我們李氏的祖宅。祖母華太夫人帶領四個幼小的孤兒才得落籍安身於蘇州。

我的父親德臣公兄弟四人，大伯炳度公，三叔壽臣公和父親德臣公為孿生弟兄，四叔樸臣公。德臣公親身體驗到官海險惡無情，決心以讀書、教書為業，所以匾題祖宅為「耕樂堂」，期勉李氏子孫，以筆耕、舌耕、力耕、心耕為樂。

我們蘇州耕樂堂的祖宅，呈「回」字形，中間的小「口」部份，為祖姑貞孝大小姐置贈的祖居，外圍大「口」部份，則是四叔樸臣公勤勤懇懇奮鬥創建的，以奉我的祖母華太夫人頤養天年，它不屬於我們共有的祖產。

四耕——舌耕、筆耕、心耕、力耕

根據有限的歷史資料，和涵靜老人的回憶，李家沒有富連阡陌驕人的財富，是道道地地、平平凡凡的平民家族，雖然堂名「耕樂」，但卻沒有土地可耕作，也沒有恆產可樂居，就連蘇州大石頭巷牛車弄所謂的耕樂堂祖宅，都是善心人士置贈給他們祖孫賴以安身立命的地方。不過，在家史紀錄中，德臣公一代確實以身作則為耕樂堂子孫留下「四耕」的典範，譬如德臣公終身不仕，以「舌耕」讀書、教學、課子；以「筆耕」著述、代筆撰稿；尤以宗教教化功能的「心耕」，留下豐富的精神遺產。壽臣公、樸臣公，以「力耕」勤懇工作，埋頭苦幹，樸臣公廿五歲就以勤奮的工作得盛宣懷家人的信任，管理盛家事業上招商局航業、漢治萍的礦業以及廣仁善堂等服務業。

由此可知，李氏家族既無恆產，又無恆業，「心耕」遺產就是耕樂堂的真精神，涵靜老人座頭珍藏一本德臣公手抄的《太上感應篇》，《太上感應篇》是中國傳統社會流傳民間極廣的一本勸善警世的善書，涵靜老人經常撫摸著這本德臣公的手澤，告訴他的子孫說：「這是我李氏耕樂堂唯一的祖宗遺產，耕樂堂上無片瓦、下無立錐，但所耕樂者，惟遵循祖訓以《太上感應篇》為心耕、舌耕、筆耕、力耕耳！」

二 父親、母親

李氏家族定居蘇州，德臣公釋褐不仕，以耕讀自娛，有子四人，涵靜老人玉階居長，德臣公之妻劉太夫人畢生長齋禮佛，參禪究典，一門忠厚，孝悌傳家。

李行的父親李玉階在孝悌、忠厚、詩書傳家的家風中成長，一九二〇年，從上海中國公學商預科畢業後，與同學結伴至華北、東北各地考察，回到上海後，先得銓敘局認可，以薦任職分發浙江省定海縣舟山群島當鹽務局局長，後又調至杭州，之後經友人推薦接替上海煙酒公賣局局長。李玉階走上仕途，雖和祖訓相違，但他秉持家訓，確也為國家貢獻心力，譬如上海煙酒公賣局採包稅方式，商人承包稅收，除繳納應繳稅款外，可將應收的一部份稅款送給局長，一部份由承包商自己保留，如此，公家稅收損失很大。一九二三年，李玉階到任後，立即把承包出去尚未到期的地區全部收回，重訂稅額，然後再招商，每區包商該交的私款皆化私為公，全成正式稅捐，公家收入因此倍增。

隔年，孫傳芳接收上海，為大力整頓財政，又命李玉階兼任上海財政局局長，包商送給他的錢，一樣化私為公。此後李玉階聲望如日中天，仕途看好，於是家人著手安排他的婚姻大事。

婚事憑天斷，常州小姐入李家

與李玉階締結連理的過純華為常州人，一家為避戰亂，由常州遷居上海，李玉階的祖母華太夫人亦居於上海，而其母親劉太夫人則居蘇州，兩地皆有人為李玉階作媒。據李行聽父親追憶往事時說道，當時華太夫人中意常州過小姐，劉太夫人則中意蘇州唐小姐，李玉階處於二老之間，難做抉擇，後四叔樸臣公提議「憑天斷」，遂於白衣大士神前拈鬮決定，結果三拈皆為「過氏」，李玉階便與過小姐締結連理。

過純華是常州「過孝子」謹言公的曾孫女，謹言公一生克勤克儉，敦親睦鄰，飲譽鄉里，事親至孝，民國初年，曾蒙大總統黎元洪頒「一鄉善士」旌匾。過家祖宅由祖父靜齋公奠基完成，其中過氏祖祠前的一付楹聯，既為祖訓，亦為庭教，對夫人一生，影響至為深遠。

惜衣、惜食，非但惜財，更要惜福。
求名、求利，莫如求己，勝於求人。

惜物、惜福，傳承過氏家訓

由於代代承續的傳統，過氏子孫都有珍惜物資的良好習慣，過純華嫁入李家後，亦以此精神教育其子孫。

像每一位中國傳統婦女一樣，大家庭的主婦都要承擔許多。過純華初過門，日子過得很辛苦，上有祖母、婆婆等一大家子要伺候，還有丈夫、以及接連出生的小孩要照顧，沒有三頭六臂是很難應付的。李玉階少年得志，年紀輕輕就位居要津，爭逐名利於京滬之間，稍一把持不住，就可能身敗名裂，過純華常奉勸先生不要貪贓枉法，要做好事。過純華自幼體弱多病，隨濟祖清修之後，身體才日漸健朗，結婚後，她也遵濟祖期勉，克盡婦道，相夫教子。

有一次，李玉階沉湎於上海物品交易所做短線投機交易，某日與過家親戚聊天時無意中聽到昔日過純華開天眼的通靈奇事，於是好奇地向她討教，過純華為了渡化先生，便順從其意，以交易所的收益作為驗證，祈求濟祖在無字天書中透露訊息。當時李玉階信誓旦旦地說：「只要靈驗，我就相信濟祖。」過純華遂將收益結果，寫於信封之中密封，置於濟公法相前。次日晚，李玉階應酬而返，打開神案上的封囊，一看大為驚訝，因為其中所寫下的數字竟一字不差，如是者三次。最後一次的無字天書中，除透露訊息，過純華並寫上，「見好就收」，「高處不勝寒，一場空歡喜」，「兩天賺來，一次吐光」等詩句，結果亦如濟祖所料，李玉階從此頓悟，絕跡投機交易。有此因緣，李玉階修道遂勤。

一九三三年春天，李行雙親偕同大哥子弋（中），二哥子堅（右），同遊上海玉佛寺，時母親身懷四弟。

三 華山歲月

因為有父親德臣公手抄的《太上感應篇》為祖訓，李玉階與天帝有緣，但一直沒有適合的導師指引，因此李玉階也四處尋訪能和天帝溝通的橋樑。

一九三〇年，天德教教主蕭昌明自漢口東行傳教，在南京二郎廟芙蓉照相館成立宗教哲學研究社，當時，李玉階三十歲，在中央政府財政部擔任宋子文祕書，於上海、南京兩地通勤，協助處理中央稅務工作。通常李玉階週末回上海家中，週日時再回南京，有一天他提早回南京，打算去芙蓉照相館拜會蕭昌明老師。週日照相館不營業，李玉階在門口張望一會，自行推門進入，忽然聽到一個聲音喚道：「玉階，你來了。」原來蕭老師早知李玉階的到來，蕭老師對李玉階說：「我們有師徒之緣。」李玉階就此皈依蕭老師門下。原先李玉階有深度近視，常劇烈頭疼。依蕭老師指導打坐多年後，頭疼宿疾不藥而癒。

便是這一年，李行出生於上海，排行第三，原名李子達，上有長他四歲的大哥子弋，二哥子堅長他兩歲，後來還有一個小他三歲的弟弟子繼。

或許是耕樂堂「心耕」精神的發揚，皈依蕭昌明老師門下的李玉階此後以弘教修道為畢生職志，加上時任財政部長的宋子文與蔣介石失和，讓他深切體會到，宦海浮沉其實只是出賣自己的靈魂與尊嚴，而決心遠離官場。

和公務生涯漸行漸遠的李玉階，專心於弘揚天德教，除成立上海宗教哲學研究社外，並遠赴西北弘教，根據《李玉階先生年譜長編》的記載，李玉階這期間在中國各地奔走，一會兒在北平，一會兒在南京，一會兒又遠走陝西，一九三四年時，還服膺師命，在政府高唱開發西北聲中，毅然叩別老母，摒棄京、滬繁華，調任駐陝鹽務專員閒職，在西安成立宗教哲學研究社。隔年，過純華也帶著四個孩子到西安會合。

離開熟悉的生活環境，如何苦中作樂，考驗著主婦的能耐。夏天過純華會買一個大西瓜，對孩子們來說，吃西瓜像過年一樣是件大事，他們先把西瓜垂墜在井中，用古井充當天然冰箱，等到太陽西落時才取出，在落日餘暉中，一聲「吃西瓜了」，把大夥都喚來圍聚在過純華身旁。李行記得，一個大西瓜總是先切成兩半，一半送到涵靜老人修道的屋室，另一半則由眾人分食，分到李行和哥哥弟弟手上只有薄薄一片，小孩心性，總是捨不得一下子吃完，小口小口慢慢品嚐，等到涵靜老人那一大半沒吃完的西瓜送出來時，孩子們人手一碗，用湯匙搶挖食父親剩下的西瓜。這個大西瓜在生性勤儉又會持

一九三五年，李行全家住在西安南四府街，雖然大西北物質生活不如上海，但一家人相守，其樂融融。

家的母親手裡，一點也不會浪費，瓜肉吃得一絲不剩，西瓜子洗淨晒乾，炒熟了給孩子當零食吃；西瓜皮晒乾，拌著毛豆炒，又是一道不費成本的佳餚，這也是在物質不充裕的年代，主婦的自處之道。

奉師祖指示，辭官歸隱華山

一九三六年，蕭老師大弟子郭大化到西安，與李玉階同登太白山，叩謁雲龍至聖，師祖雲龍至聖指示：「明夏浩劫將興，國難臨頭，汝應於明年六月一日前，攜眷潛居於白雲峰下，看守西北門戶。」於是李玉階便辭官攜眷歸隱華山，從此隱姓埋名，自號涵靜老人，以示潛居抱道、寧靜窮理之決心。

李玉階因師祖一句「看守西北門戶」，便決意放棄俗世的一切成就，連退休金都不要，隱遁山巔，而過純華也為了成全丈夫的志業，毅然擔起舉家東遷西移的重擔。當時距離中國傳統三大年節之一的端午節只有一個半月，李玉階告訴過純華他要上華山的天命，同時問她，對於家人的安排有三個可能：一是她帶孩子回上海，那兒有房子、有家業，又有親戚互為照應；二是留在西安，既可作為華山修道的道友的後勤，在西安也有宗教哲學研究社的人可以照料；第三則是帶孩子一起上山。過純華不加思索回答道：「你上山下海我都跟著。」

李玉階奉雲龍至聖指示，於七七事變抗日戰爭爆發前五天，攜眷潛居華山。圖為一家六口攝於華山大上方玉皇洞前。

毀家辦道，母攜四子相隨

這時過純華才三十多歲，正當青春盛年，和許多傳統中國婦人一樣，心中只有丈夫、孩子，沒有自己，山居隱遁需要錢財，於是把上海帶來的家當變賣，她帶著四個孩子從西安追隨丈夫一起上華山。

李玉階一行到了華山，先棲居雲台峰北峰，整日讀經祈禱，堅持信念，希望能夠感格天心，減輕劫運，確保關中，這也是涵靜老人遁居華山的誓願。同時，也努力尋找師祖雲龍至聖所謂的白雲峰，隔了一年，才翻山越嶺來到大上方，在金仙洞外發現一方石碑，上頭鐫有「大明萬曆年間某某等重修白雲峰下金仙洞」字跡，於是又從北峰下山移居到大上方，在金仙洞隔鄰的玉皇洞前加蓋了四間茅廬住下，此地四周皆山，藏風聚氣，四時如春，有如世外桃源。

李行的童年，從懵懂愚騃時，經歷西北黃土高原滾滾沙塵的豪邁奔放，到了初識人事的成長階段，又面臨一個新的境地，前後長達七年的時間，生活在峭壁懸崖、深山窮谷之間，不過也是這段身處僻靜荒山的清淨歲月，孕育了李行對藝術的愛好，以及如山林般的寬闊視野。

冬夜棉被裡吃花生米

山居寂寥，涵靜老人潛心修道，整天讀書、祈禱、靜觀、打坐、接見訪客、寫作著述，從不過問家事，女主人則要張羅一大家人的吃食，錢財用完則下山到西安變賣首飾來貼補家用。孩子們的教育問題，則請了跟父親修道的門徒充當私塾教導，郭雄藩先生教國文，從《三字經》、《百家姓》、《幼學瓊林》到《論孟》、《學庸》，李旭如先生教數學。除了老師授課之外，餘下的大把時間就在巨石林樹間縱上躍下，倒也因此鍛練了強健的體魄。

對於這段童年時光，和一般人不太一樣的成長生活，李行只留下片段的回憶，像是冬夜棉被裡吃花生米。

深山裡的生活，物資匱乏，所有日用食物都是由南山來砍柴的鄧萬華下山採買，鄧萬華原是在華山砍柴的樵夫，見這新搬來的一大家子，很是好奇，就常來和李玉階聊天，後來也受到感召而留下來同修，專司跑腿採買，除了辛勞地把日用背運上山，也充當收發，寄信，拿信。

李行記得，冬日的華山可說是酷寒，冰天凍地對年幼的孩子是一大考驗。山居生活通常日出而起，日落而息，一日二食，早餐及晚餐，晚餐吃得早，等太陽下山後，就漱洗準備就寢，由於天冷水冰，孩子們往往草草在臉上抹一抹便算完事。夜裡平日點油燈，父親要寫信時才拿僧帽牌洋蠟燭出來點，每次一點蠟燭，孩子們就會圍到蠟燭旁，看著那比油燈還亮些的燭光就當成是享受。李行和二哥同被而臥，小弟和母親同寢，通常母親會說故事給孩子催眠，開始說故事前，母親從棉被縫裡伸手遞進一把剝好的花生米，也許只有十幾顆，但在溫暖的被窩裡，聆聽母親精彩有趣的神話故事，嘴裡卡滋卡滋嚼著花生，迷迷糊糊中入睡，這種幸福感早就把平日抵抗酷寒的不愉快經驗驅趕一空。

「織夢」歲月，滋長藝術涵養

也由於山中歲月的枯寂單調，李行和兄弟們的娛樂之一就是「織夢」。大哥子弋多長幾歲，閱讀及閱歷都豐富，常常說故事給弟弟們聽，故事說到沒得說了，就開始聚在一起把想像化為故事，邊說邊想，邊想邊說，以之來滿足幼小空虛的心靈，這段織夢的日子，正是李行的藝術細胞也隨著萌芽滋長的階段。

在那寂寥枯澀的日子中，只有到了舊曆新年這個中國人的大日子，李玉階才會開放解禁，讓平日拘謹修道的生活，暫時可以放鬆、同樂，宣洩一下緊繃的情緒。有一次，大哥子弋慫恿大夥兒，把鐃鈸鑼鼓喧天動地的敲打起來，而李行就夥著跟父親修道的門徒在洞前廣場上演出「跑旱船」的民藝，有的戴上紅辣椒串成的耳墜，扮成醜老太婆；有的揣起兩個饅頭在胸前扮演王大娘，有的不用多著粉墨就是一副猴樣；還有的借來眼鏡和煙桿扮起縣師爺……從規劃到演出都是李行的主意，李行自己也穿上母親的紫色棉襖男扮女裝，那種娟媚模樣讓眾人都忍不住笑翻，李行還開心地大喊：「我們演給上帝看。」

四　中學時期

一九四二年，天德教教主蕭昌明，也就是李玉階的老師於黃山證道，李玉階接到訊息，立即從華山趕赴西安陝西宗哲社，開喪成服，並且謹遵天帝詔命，接任第五十五代天人教主之職。李行一家人遂也結束華山隱遁的生活，搬遷回西安。舉家搬遷的重責大任又落在母親肩上，她仔細地把每一樣物品打包好，像杯、盤、碗等易碎物品，她都親自一一包裝好，不假手他人。

山上下來，結束離群索居的生活，最先要面對的，就是孩子的學業問題，李行和二哥子堅先在華陰縣的私立雲台中學就讀初一。初中二年級就和二哥子堅轉到陝西省蔡家坡「交通部部立扶輪中學」讀書，這所學校原本是交通部的鐵路員工的子女才能就讀，由於教學嚴謹，設備完善，評價不錯，剛好有位姓李的友人在隴海鐵路工作，便借稱是他的子女而進入就讀，初中畢業後直升入高中部。在扶輪中學初二到高一這些年，李行在這兒開始了他對表演藝術的天份與興趣。

看高班學長演話劇

李行在扶輪中學常看高班學長的話劇表演，印象深刻的是袁俊（即資深導演張駿祥）的劇本《萬世師表》。抗戰期間，物資嚴重匱乏，演舞台劇也只好一切從簡，司令台就是舞台，弄燈光，做效果，甚至怕臨時搭的舞台佈景被風吹倒，而徹夜看守。正式表演時，還得有人在舞台後方，用雙手撐住被野風吹得搖搖欲墜的佈景片，學長們如此克難刻苦的演出，都是因骨子裡那愛戲的熱情，這種熱情也深深影響了李行。

李行高一下轉到西安私立力行中學，當時不過十六歲，他在學校沒有演出機會，就到校外發展，把握機會參與校外劇團的表演，像是名劇人戴涯領軍的中國戲劇學會，由丁尼導演，在西安文化會堂公演的《生死戀》，這是李行第一次參與演出舞台劇。

中日戰爭結束後，李氏家族中經商有成、在上海薄有基業的樸臣公，是李玉階的四叔，他從小就是這位四叔帶大的，因為李玉階一家人離開上海已有十年之久，老人家非常想念他們，於是匯錢給李玉階，讓他們全家分三批由西安回到上海。

上華山，一家人上來，下華山，從西安回上海，卻是分三批進行，大哥子弋帶著李行，二哥子堅則孤身一人，都是乘坐飛機經南京到上海。父親、母親帶著小弟子繼同行，則是坐火車回上海。

交通部立扶輪中學校高一甲全体同學
及諸位先生歡送曹薛萬三先生留影
卅五年

李行在扶輪中學從初二讀到高一上，常看高班學長演出話劇，他們對戲劇的熱情深深影響了他。照片站立者左起第二位即李行導演。

李玉階的家業在上華山前都賣掉了，於是回到上海只得寄居在四叔開設的旅館大上海飯店。當時的靜安寺路，有四家大型百貨公司永安、先施、新新、大新位於此，現在已改為南京西路，是熱鬧的馬路，大上海飯店就在這條馬路後頭的巷子，樓高六層，五層以下是客房，六層頂樓，則是樸臣公的住所，三分之一是陽台，種滿各式品種的菊花。為了李玉階一家人暫居於此，飯店六層便騰出兩間套房，大的一間是李玉階夫婦帶著小弟子繼居住，另三兄弟則住在一小間的房間，室內雖有衛生間，但放了一張單人床，又加了一張雙層床之後，就只能擺一張小方桌讓孩子們充當書桌做功課，進出都得側身。四叔祖雖是至親親人，但暫居於此的生活，對李行來說就是「寄人籬下」，要看人臉色。

住在大上海飯店，早餐、晚餐都是廚房供應，就像大灶房裡的小灶。在六層樓招呼樸臣公的也是飯店的茶房，名叫馮培，很會察言觀色，對於寄居的這幾位小子自然不會有好臉色，李行和二哥、小弟早上漱洗完畢準備上學，馮培把油條、花生米、稀飯往桌上一擺，說聲：「來吃吧。」兄弟三人看看桌上的食物，一聲不吭默默吃完就出門上學，寄人籬下的辛酸只能往肚裡吞。

用電影院來記憶上海

二哥子堅比李行大兩歲，但在西安時因養病遲了一年，到了上海讀復旦實驗中學高二時兩人同班，小弟讀初中二年級，每天一起坐有軌電車上學。

出了大上海飯店就是電車站，坐一號電車接近終點站時就是赫德路上復旦實驗中學，關於這段上學的記憶，李行是用戲院來聯結的，因為這一路上會經過許多家李行在上海時經常造訪的戲院。第一家新光戲院在西藏路口，離大上海飯店只有一站，專門放映國片，票價也算便宜，早場還有優惠平價票，李行和兄弟常走路去看電影，這是那段日子中最大的享受，同時也是李行吸收電影養分的重要來源。

現在的人民廣場當年是跑馬廳，對面是廿四層高的國際飯店，和大上海飯店比起來，這簡直是摩天大樓，隔壁就是大光明戲院，兼映中、西片。李行記得當時大光明戲院和歐美的歌劇院一樣，有個名流貴族交際的前廳，之後才是放映廳，上海對西安來說是相對的豪華時髦，對剛從西安回來的李行兄弟看起來，大光明戲院簡直是奢侈的大。

南京西路到成都路口要右轉到新聞路時，有一家專映西片的大華戲院；梅龍鎮餐廳旁有一家美琪戲院，中、西片都有，西片李行會挑著看，像《居禮夫人》、《死吻》都是具藝術性又好看的片子，但是這兒若放映國片，李行則是每一部都不錯過。

一九四八年，李行自上海市私立復旦實驗中學高三七級畢業與同學合影紀念。後排右三李行，右五二哥子堅。

復旦實驗中學沒有操場，體育課要過馬路到對面的公共體育場上，但是師資陣容堅強，普通科、商科、初中、高中各種學制都很完整。

中午放學時，兄弟三人走路經過小沙渡路的沙利文麵包廠、大同大學到新聞路傳福里的石庫門裡，他們的四叔、六叔都住在這兒，這個星期到四叔家吃午飯，下星期就換到六叔家用餐，通常叔父們在外工作，中餐時只有嬸嬸和孩子們一起用餐，他們從後門進，一進去就是廚房，燒飯的娘姨喚他們阿倌，等於小少爺的意思，那是不把他們當外人看，李行兄弟三人和六嬸或四嬸用過午餐，抹淨臉又趕回學校上課。相對於大上海飯店勢利眼的茶房馮培，至今李行對於親切的嬸嬸仍心懷感念。

李行在復旦實驗中學時，負責戲劇社，演出也都是因陋就簡，十分克難，但對李行而言卻是很好的歷練，為他接下來就讀戲劇科系的專業訓練打好根基。

五 蘇州社會教育學院

中學畢業後，李行面臨抉擇，在李家，父母對他們管教雖嚴格，當然望子成龍，但卻不會替孩子決定前途，而是讓他們自己作主、自己負責。李行的志向在戲劇，原本想讀上海市立戲劇專科學校，但那是三年制的專科學校，沒有大學文憑，他顧慮到父親的期待，於是同時又報考蘇州國立社會教育學院藝術教育系戲劇組。上海市立戲劇學校先放榜，他考取了，原本對蘇州社會教育學院沒有太大把握，已經打算去上海市立戲劇學校就讀，後來收到蘇州社會教育學院的錄取通知，就高高興興地向父母報告，李行要念大學了。

從渭水河畔到蘇州河畔

從渭水河畔到蘇州河畔，是李行把對戲劇的興趣轉向專業的階段。李行對舞台劇、電影的喜好及專注投入已經到了廢寢忘餐的地步，他可以省下兩天的早餐錢，只為了看

一九四八年八月，李行（左一）考進蘇州社會教育學院藝術教育系戲劇組，與同學在拙政園紫藤廬前合影。

《八千里路雲和月》、《一江春水向東流》、《萬家燈火》這些戰後膾炙人口的電影，或者到蘭心戲院去觀摩當時上海一些知名演員石揮、張伐、韓非所演出的《雷雨》、《捉鬼傳》、《文天祥》等舞台劇，他也願意為了吸收舞台知識和實務經驗，而委志屈身演出一些無名的角色，那種狂熱和執著，連他的大哥和二哥都驚訝、佩服不已。

抗戰勝利未久，國共內戰又起，李玉階曾接獲雲龍至聖的指示，叮囑他蓬萊仙島乃台灣寶島是也，當時李玉階也對五四運動時期的老友程天放、潘公展、江一平、端木愷等人傳達這個訊息：「上海絕非樂土，台灣是中國最後反共基地。」但當時聽者都半信半疑，因為其時共軍烽火尚在東北，相對來說上海還是後方。

不過李玉階為遵天命，已經開始準備舉家遷台，為了遷台後維持一家開銷，以及籌措弘教經費，李行的父親遂有意從事生產事業，透過《申報》社長、上海市議會議長潘公展的介紹，認識復旦大學畢業的陸費鐸，此人自稱是福台公司的負責人，在台擁有林班及建材工廠，並經營建材油毛氈生產及進出口貿易，為擴大公司業務，從台灣來到上海進行增資改組。李玉階山居日久，疏於人情世故，對該公司狀況並未事先赴台查察，遽然向親友集資一百條黃金參加新股，老友端木愷、程天放等亦皆出資相助，讓他和陸費鐸合組新公司，於上海設總公司、台北設分公司，由李玉階任總經理，並於一九四八年來台接管。

李玉階抵台實際了解後，陸續發現福台公司債務累累，資產均為虛報，房地產已被抵押，油毛氈工廠、林班須與他人合作，新增股款已被陸某挪用，現金周轉不足，必須再大量投資才能起死回生，而且還得先償還一部份債務。李玉階為求公司生存，奔走滬、台兩地籌措資金，身心俱疲。這時國共內戰戰局日漸緊張，人心惶惶不可終日，李玉階只得先從上海分批接眷來台。

舉家遷台，同學勸李行留下

一九四八年年底，李玉階全家要來台灣的消息傳出，很多親友勸李玉階留在上海。當時京滬很多大學生都受到馬克思主義的影響，對社會主義心嚮往之，就連蘇州社會教育學院高年級學生都有多人是地下共產黨員，李行的要好同學陳剛也勸李行別走，李行也曾動心過，但親人的召喚仍舊佔上風。聽說李行要走，陳剛從蘇州到上海來送行，在李行的小床上擠了一夜，李行勸他一起走，當時想得天真，說得輕鬆，船票一票難求，哪能說走就走，陳剛想了想還是回蘇州，他原想把李行留下來別走，別去台灣，怎麼還能跟他走？五十年後，他們在中國大陸又碰面了，兩人恍如隔世，感慨萬千，陳剛幽幽的說：「文革時吃了苦，差點沒命。」人生在關鍵點的一個選擇，深深影響了兩人往後的人生道路，這是當年年少的李行他們無法預見的。

這次舉家遷到台灣，又是一次漫長的旅程，由李子弋帶著三個弟弟先後到台灣，李玉階和過純華是搭最後一班招商局的中興輪來台。

福台公司的爛攤子，雖然在李玉階苦心經營下，吸收親友存款，勉強維持現狀，但掙扎年餘，為免親友投資血本無歸，在取得各方諒解後，決定宣佈破產清算，迅速處理資產，辦理結束。當這一切都料理好，也搬好家之後，正好要過農曆春節，李玉階每年農曆年關都要閉關，李行記得母親把所有債務、債權人清理、安頓好，手頭剩下一點錢，已經是大過年除夕的黃昏了，母親還跑到市場買菜，一定要弄出一頓像樣的年夜飯。過純華是一家重要支柱的印象，就像那一頓千辛萬苦中料理出來的年夜飯一樣，在李行兄弟心中留下難以忘懷的記憶。

「父親上了陸費鐸的當，受了他的騙，但父親仍大肚大量的說，要不是福台公司作為跳板，我們全家怎麼能到台灣來？若是陷在鐵幕將會受到什麼樣的苦難折磨也未可知。」不管處在什麼境地都給予正向的期待，這是李行父親要告訴孩子的人生道理。

六　台灣省立師範學院

初到台灣時，正值一九四九年春季，李行轉學進入當時的台灣省立師範學院教育系，他原本希望在台灣能繼續戲劇系的學業，但台灣師院沒有戲劇系，只好選擇教育系就讀。入學的迎新晚會中，李行就犧牲色相在大禮堂上，演出一場自演自導的獨腳戲《賣大力丸》，把國民政府遷台前大陸當時左右逢源的政客嘴臉，描繪得淋漓盡致。就此一鳴驚人，為當時的台灣師院，擴展出校園話劇的一片天，後來台灣師院在台灣的教育界、藝術界與影藝界人才輩出，如白景瑞、劉芳剛、馮友竹、顏秉嶼、史惟亮、劉塞雲、馬森等人，都是當時和李行並肩奮鬥的一時之秀。

加入「戲劇之友社」

雖然沒有戲劇系可讀，但李行一進去，就開始打聽有沒有劇團或話劇社，後來打聽清楚了，學校有兩個戲劇方面的社團，一個是教育系和國語專修科福建籍同學會辦的

「人間劇社」，國語專修科的林國樑和高他兩班教育系的龔書綿都是這個社團的成員；另一個則是「戲劇之友社」，李行直覺「戲劇之友社」才是自己要的，於是選擇了加入「戲劇之友社」，當時史地系學長馬驥伸是社團負責人，他找了幾位社友來介紹給李行認識，其中一位是馮友竹，馬學長介紹完社團重要成員就回去上課，李行和馮友竹相偕去和平東路學校附近的一家小冰店吃冰，兩人一見如故，一聊之下，居然是同年同月同日生，於是開啟了長達五十年以上的友誼。

馮友竹是藝術系的學生，李行常常去素描教室找他，目的是要拉

師院劇社排演話劇《歲寒知松柏》，導演李行（右一）用粉筆在地上畫舞台平面圖，並向演員講解。

李行自導自演獨幕劇《求婚》，李行演年輕的求婚者，同年同月同日生的同學馮友竹演老丈人，左側為女主角音樂系一年級的劉塞雲。《求婚》前後共演出數十場，笑果極佳。

他去「戲劇之友社」排戲，那時教素描的老師是陳慧坤老師，他也知道李行找馮友竹準沒正經事，就也拿一個畫架、畫板，要李行跟著畫畫，沒能認真跟著陳老師學畫是李行此生的憾事之一，其實他在畫紙上裝模作樣一番，成品倒也滿像樣的，可見李行也有繪畫天份。馮友竹跟著李行畫室、劇團兩頭跑了一陣子，才在陳老師的苦心規勸下，要他在美術和戲劇之間擇一專心從事，於是馮友竹才放棄了話劇，專志於繪畫，日後在美術界闖出了一片天地。目前僑居舊金山，從未間斷畫畫，二〇〇五年在李行的推動下，北京中國美術館為馮友竹舉辦了個展，並典藏了他的作品。

除了在學校劇團，同時間，李行加入台北蓬勃的社會性的劇場活動，踏進中山堂，演出雷亨利寫作的《青年進行曲》話劇，在南昌街明星戲院裡與李影、崔冰、鐵瑜、周旭江、羅蘋、李果、田豐等人演出《百醜圖》（改編自陳白塵的劇作《群魔亂舞》），李行演師爺型的教育局長吳從周，台灣劇場就此出現了糟老頭形象的「李行」。

「李行」這個名字是李行和哥哥討論後一起想出來的，當時他們住在南昌街小樓上，他們一致認為「子欲達」必須「行」，於是捨棄了之前的「達子」、「達之」等曾經用過的藝名，這是李行表演藝術生涯的起點。

和王為瑾因戲結緣

李行在台灣師院三年半七個學期的學生生涯，記得的全都是話劇、話劇、話劇、話劇，就連交女朋友，日後成為李太太的王為瑾也是因話劇結緣。

回想起他們當年初識的經過，李行回憶道：「當時師院劇社的社長是顏秉嶼，我是導演，一九五〇年暑假開學後，我們決定要演夏衍的《歲寒知松柏》（原名《歲寒圖》），那時候三〇年代劇作家的作品還沒禁演，馮友竹和我演男主角，要開始物色女主角，我和顏秉嶼就常在女生宿舍門口看進進出出的女生。歷來新生迎新晚會都是我主辦的，我以為新生們應該對我都已經有一點印象，後來顏秉嶼看上體育系一年級的新生王為瑾，就說要找她演戲並約她到訓導處辦公室談談。那是我們第一次正式見面，我坐在課外活動組主任楊宏煜辦公桌的大靠背椅子上，為瑾進門，站在一旁等，她先看到我，並不認識，有人跟她說，那是導演李子達，她以為導演是從外面找的，不是本校的人。」因為王為瑾是空軍子弟人家出身，穿著打扮和一般學生不一樣，空軍的衣服質料都很好，空軍的大外套，把外面一層拆掉，裡面的棕毛皮做成外套，看起來非常考究時髦。李行對王為瑾的第一印象，是一種很特別的感覺，不單排戲時對她特別指導，平時社團玩團體遊戲時，也老是去逗她，像玩幾號球碰幾號球，李行老是做球給王為瑾接，

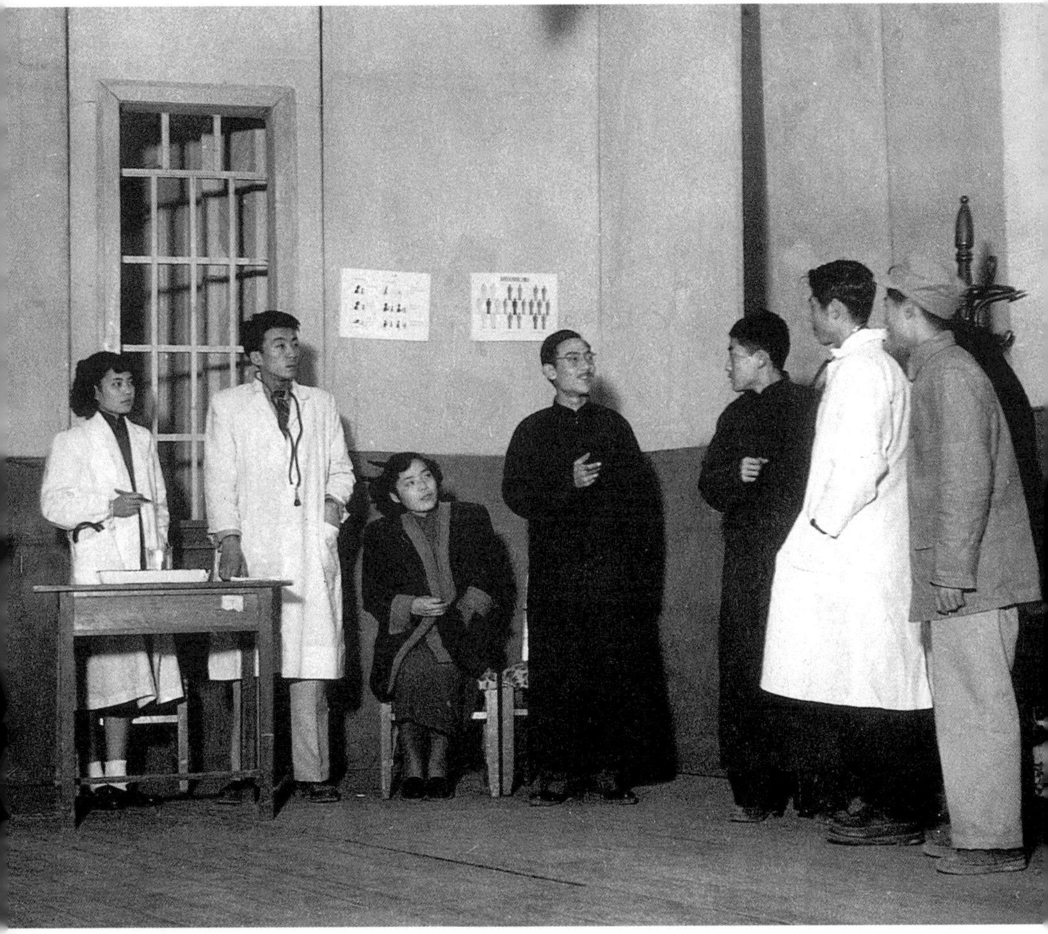

李行與王為瑾因戲結緣，圖為演出《歲寒知松柏》劇照，左一王為瑾，左二李行，中坐者為劉塞雲，右四為社長顏秉嶼。

有時接不上失誤受罰，王為瑾還想：「這個人怎麼老找我麻煩。」原來在彼此心目中早就有了清晰的身影，只是年輕人不知道那就是戀愛的感覺。話劇演完之後，當導演的李行就對女主角展開熱烈追求。

吃清冰的兩顆大電燈泡

那時師院的女生宿舍叫七星寮，師範學院晚飯吃得早，每天吃過飯，男生們就到七星寮外站崗。一開始兩人還不太熟，晚自習時李行會叫白景瑞或劉芳剛去圖書館把王為瑾找出來，約她到學校附近的一家錦昌冰店，代價是請吃一碗清冰。冰店外面有個空地，電線桿上掛了個大喇叭，李行和王為瑾在水泥地上聞樂起舞，白景瑞和劉芳剛邊吃清冰邊看他們跳舞，大家都很開心，一天就算過完了。等到感情越來越深，李行就覺得白、劉這兩顆大電燈泡很惹人厭，李行對王為瑾說：「如果他兩人在這兒，我感覺今晚就是沒有和你在一起，要兩人單獨在一起才算是約會。」可見在李行心中對王為瑾依戀已深、難分難捨。

家人反對兩人交往

他們一開始交往，從老師、同學到家長沒有一人贊成。師院的女舍監石季玉（後來擔任台北二女中校長），把王為瑾找去她的房間，說：「以你的條件，為何要跟李子達交往。」王為瑾能說什麼，只有聽訓的份。在老一輩的觀念裡，李行太活躍，他整天忙著、轉著的那些演戲、導戲的事也不像是經世大業。

王為瑾的父親是黨國要員，擔任過中國國民黨監察委員會祕書長，並兼任考試院銓敘部的政務次長，家庭環境不一樣，當年尋常人家裡雇個佣人，一個月只要兩塊錢，王父一個月賺一千二百元，可以過得很奢侈，但王父又孝順又顧家，常常這個叔叔家送二百元，那個姑姑家送二百元，照顧所有親戚。一九四八年夏天，王父不幸因病過世後，為瑾的母親沒逃過難，匆匆撤退來台灣時，不知道應該帶些值錢的古董、字畫和細軟首飾珠寶，只帶了心愛的貓、縫紉機、白米，全家來台灣投靠當空軍飛行官的大哥，住在嘉義的眷村裡，事實上是家道中落了。

儘管如此，王為瑾和李行交往還是承受了很大壓力，母親很反對女兒和李行交往。一九五一年青年節王為瑾要隨大專學生勞軍團到澎湖勞軍，行李收拾好放在宿舍裡，正好母親和姐姐到學校找為瑾，宿舍同學告訴王母，為瑾不在，正準備到外地演戲，王母聽了很生氣，久等女兒沒等到，就請同學轉告，母親反對她演戲，要她以課業為重，並且為阻止女兒出門便把她收拾好的行李帶走。王為瑾回到宿舍，知道母親來過，但是對戲劇的熱愛以及和李行的愛情驅使，王為瑾在同學協助下，又再收拾了簡單的行李，繼

一九五一年青年節，台大、師院、行政專校（中興大學法商學院前身）、台北工專等組團赴金澎前線勞軍，澎湖歸來後，在台大法學院合影。前排蹲者右三為二哥子堅，右五為李行，立者第一排左七為王為瑾。

續勞軍的行程。事後，王母還派姐姐特地北上勸說，希望為瑾不要跟李行交往。

為瑾媽媽聽到關於李行的評價，是一個不好好讀書、整天在外面玩、吊兒郎當、長得又瘦，看起來好像連健康都有問題的人，沒有一個人說李行好話，所以王為瑾也不知如何是好，只好拖著，拖到畢業，拖到李行去當兵，拖到王家人對李行的看法慢慢改變。

李玉階接辦《自立晚報》，全家投入經營

同時間，李行的父親在因緣巧合之下，以在野之身接辦《自立晚報》，延續耕樂堂筆耕、舌耕之樂，善盡書生言論報國之責。先是，杭州報人鄭邦琨、婁子匡等人於台北開辦《自立晚報》，因副刊主編一時失察，轉載香港報紙譏評領袖之小品文〈草山衰翁〉，被保安司令部勒令停刊，且永不復刊。事發之後，主事者屢請有關單位准予復刊，但阻力甚大，各個合夥人之間又意見不一，眼看復刊遙遙無期，直到李玉階出面奔走，事情才有轉機。

當時子堅在《自立晚報》工作，李玉階有鑑於該報社的員工數十人，大都是自大陸逃難來台，不忍大家遽爾失業，生活陷入絕境，故出面拜訪省主席吳國楨、保安司令部副司令彭孟緝以及國民黨陶希聖主任等人，都獲得肯定支持，終於排除萬難，由李玉階

接辦復刊。

接辦之初，李玉階自任發行人兼社長，過純華任副社長兼總稽核，李子弋任總編輯兼採訪主任，李子堅任司法記者，長媳廖素雯主編副刊，等到李行加入主跑影劇文教，子繼擔任實習記者時，可說李家全員出動。

七　當兵一年

還在學校裡忙劇團活動時的李行，就聽聞政府正在評估讓大學生受軍訓的事，每個學生都希望只是空穴來風，一九五一年沒實施，就在李行升上四年級那一年，報上就公佈了大學畢業生要服預官役的消息。一九五二年夏天畢業後，李行和二哥子堅同時成了中華民國在台灣的第一期預備軍官。

三百多封情書，都是受訓報告

那年八月，酷熱的大暑天，在鳳山陸軍軍官學校，為期兩個月的入伍訓練，開始了李行的軍伍生涯。他學弟白景瑞事後常說：「子達去當兵，我和劉芳剛幫忙看管王為瑾。」李行在軍中，每天寫一封信給女朋友，就連打野外時，也利用休息的十分鐘奮筆疾書，然後在吃過晚飯，晚自習前的空檔，散步到福利社順便投郵，他的好友們都很好奇，李行軍中這三百多封情書的內容是什麼，有人問過後來成為李夫人的王為瑾，她笑

一九五二年八月，李行與二哥子堅赴鳳山陸軍軍官學校接受為期一年的預備軍官訓練，兄弟二人入伍後合影於軍校。

著說：「沒什麼好看的，只是受訓報告。」

入伍兩個月後，緊接著反共抗俄鬥爭教育，這也是李行一年軍伍生涯中，印象最深的部份，他記得這個階段訓練的第一堂課，由王昇主講，講題是「我們為什麼需要黨？」

這是李行所聽過的八股演講中，他覺得最成功的一場，即使政治立場不同的人，也會覺得王昇把加入國民黨的必要性說得十分有說服力。王昇的演講功力，在曾是流亡學生，隨國軍來台的知名散文家王鼎鈞的回憶錄中，也曾提到過，王鼎鈞說：「論演講，王昇是一等上選。每一屆國軍文藝大會閉幕之前，王昇照例發表長篇演說，或批中共，或批台獨，或批存在主義，他不看講稿，但是起承轉合句句到位，而且抑揚頓挫辭充氣沛。我有大兵習性，而今出乎其外，既能看熱鬧，又會看門道，我曾對一同開會的朋友說，王昇是天才運動家，聽完他的演講，一個小時之內，你如果給我一把手槍，教我幹什麼我就去幹什麼。」

李行在上海時就參加了三民主義青年團，到台灣後黨團合併，所以李行的黨齡很長，大學四年沒有政治教育，所以這一年軍訓很重要，即使是像李行這種早就是國民黨員了，聽了王昇演講，也受到鼓舞，認為在那個年代，國民黨是國家安定的力量，可見王昇的演講多麼有鼓動力量。

新兵訓練完成，接下來是分科教育，準備分發前，大家都在打聽有哪些分科學校，得知的消息是，裝甲兵在台中、輜重在台北、通訊在宜蘭、砲兵在台南，從北部來的學生都希望能夠回台北，分發到北投的政工幹校，所以就聯名向當時的班主任王寓農少將上書，希望分科增加政工幹校，王少將也不是省油的燈，精明得很，他告訴學生，今年作業來不及，但會向上級建議。聽說第二年分科增加了政工，所以李行這一期也是為後人謀得了分發到台北受訓的福利。

第一期預官役，白白浪費一年

分科教育結果揭曉，李行分發到步兵學校，也在鳳山，和二哥子堅、師院同學馮友竹同一中隊。回想起他這第一期預備軍官的訓練，因為還在實驗階段，所以有很多待改進的地方，譬如同時在鳳山受訓的還有陸軍官校廿四期和廿五期正科生，他們對預備軍官的印象很差，像是有大活動時全體受訓的學生在司令台前集合，廿四和廿五期正科生軍紀凜然，而預備軍官卻可以邊抽煙、邊看晚會，因為軍校不知道要對這些大學生如何管教，嚴鬆拿捏不定。而成為第一期白老鼠的學生們心裡也很不服氣，不管是要出國留學的，或是有女朋友的，或是原本有就業安排的，都覺得自己很倒霉，白白浪費一年時間，受起訓來便心不甘、情不願的。

結訓前王寓農少將曾和每個學生個別談話，聽聽大家對受訓的感想，所有的預備軍官不約而同的意見都一樣，都認為要大學畢業生受軍事訓練是國家的政策固然無可厚非，但既然把大家徵集來了，就要讓大家有收穫，應該要有嚴格的軍事訓練，否則不過是浪費大家一年的時間。

當兵這一年，和王為瑾分離讓李行覺得日子更難捱，而且追求王為瑾的人依然很多，李行有信心但不放心。在步兵學校，官兵每週都會放假外出，王為瑾的哥哥在嘉義當空軍，弟弟在嘉義中學讀書，李行一放假就從高雄搭火車到嘉義，在小舅子身上下功夫，陪他唱歌、聊天，和岳家親近、親近。有時也和二哥子堅到鳳山街上看場電影，然後到軍人服務社的茶座，兩人都給女友寫信，寫完投郵，這個假日才不算白過。有一次，為瑾的大姐生下長女，李行專程搭火車趕去吃滿月酒，吃完了又趕回步校，算是替為瑾盡一份心。正因婚前下了這麼多功夫，使為瑾母親及家人對李行改觀，所以婚後，岳母對李行很好，每次陪為瑾回娘家，她的姨祖母都會專程下廚烙餅，他是最得寵的女婿。

結訓典禮過後，拿回身份證，過了一年軍訓生活的學生，感覺恍如隔世，大家把軍帽拋往天空，高聲吶喊著：「這是真的嗎，我要退伍了。」彷彿重回人間。

八 成家

一九五三年，廿四歲的李行，步出校門，服完預備軍官役，同齡的年輕人，大多面臨理想志業和現實工作之間的徬徨與抉擇，但就讀師範學院的李行還有一年的教學實習要對付。當時實習學校是由教育廳分發，除非自己能想辦法申請到學校。如果說一個人一生中總有幾個貴人，那麼楊宏煜就是李行的第一位貴人。

楊宏煜老師是台灣省立師範學院訓導處課外活動組主任，每年學校的迎新、校慶、國慶、新年晚會之類的活動都是他負責主辦，而李行這個活躍於劇場的學生就是最佳幫手，也因此建立深厚情誼，楊老師對李行這些話劇社和搞活動的學生都很照顧，他幫李行安排到師院附中實習，教公民兼任訓育組長。後來馮友竹去成功中學實習教美術，王為瑾畢業後去省立台北師範學校實習教體育，也是楊老師的特別安排。

在師院附中，李行已經由學生升格為老師了，對戲劇的熱情卻未減，也帶著學生排演話劇，一年內演出了兩場話劇，一齣是潘壘編導的《偷渡》，一齣是李健吾的劇本、李行導演的《以身作則》。李行和學生年紀相近，可說是最沒有架子的訓育組長，當時他在附中分配到一間單身宿舍，但他從未住進去，反而成了話劇社的活動場所，學生們利用這房間擺放道具、戲服，並且在裡頭討論劇本、聚會。或許是學生使用此場地太不謹慎，打擾了同棟老師的安靜，有人告狀告到了校長那兒，一年實習期滿，李行拿到了實習及格的證明，可是卻沒有拿到續聘的聘書，就此結束了他短短一年的教書生涯。

毫無積蓄，勇敢地步上紅毯

一九五四年，正式步出校門的李行，最想從事的工作是延續他對戲劇的興趣，他的第一志願是進中央電影公司，李行申請進中影擔任基本演員，這是他期盼的工作志業，但中影公司以沒有缺額拒絕了他。李行便到父親的《自立晚報》工作，任文教記者，主跑文教和影劇。

這一年，王為瑾也從師院畢業，在台北師範學校實習教體育，隔年八月，李行和王為瑾在台北結婚，那個時候，是《自立晚報》財務最糟的階段，常常好幾個月發不出薪水，好不容易有現金發薪水了，往往是補發幾個月前的薪水，而且還打折發放。

結婚前，要好的同學對王為瑾說：「你嫁給他，要不了兩年就離婚了，他在外面那麼多機會，演藝圈又很多漂亮女演員。」王為瑾也覺得這個婚姻像賭博吧，大概她運氣

一九五五年八月六日，在台北市中山堂光復廳舉行婚禮。

還不錯，當時不知婚姻是怎麼回事，只想到李行對她很好，結婚時，不要聘禮，不要嫁妝，在中山堂宴客，請于右任當證婚人。那個時候的李行還是很瘦，他對新嫁娘的求婚允諾，第一是要為瑾婚後不要工作，專心持家，讓他可以無後顧之憂在事業上衝刺；第二是日子一定會越過越好，現在生活雖然困苦，將來一定會漸入佳境；第三他保證會胖起來，這就是李行的約法三章。毫無積蓄而能勇敢地步上紅毯，除了愛情的力量外，也很難有其他解釋了。

婚後，他們賃居仁愛路三段中廣公司和幸安國小之間的巷子裡，海軍文職官桂某的一戶違章建築，和演員王琛對門而居，每月租金五百元，不過經常拖欠房租。買大同公司電風扇分期付款，每個月付六十元，還常常付不出。王為瑾回想起當年的生活：「那時年輕嘛，沒想這麼多，他結婚時說，要我一輩子依賴他，不要我做事，婚後家裡生活窘迫，我想過出去兼個差，掙幾個錢貼補家用，我到美軍顧問團申請工作，一申請就錄取了，結果李行不讓我去，大年三十和我吵了一夜。我大學畢業後也曾經想出國深造，並且順利申請到美國的一所大學，結果李行的朋友們對他說，不能讓王為瑾出國讀書喔，一出去你這女朋友就沒了。」於是在李行堅決反對下，王為瑾放棄出國留學的美夢。看到同學們在學校裡教書，升任大學教授，在事業上有一片天，而她一輩子守著李行、守著這個家，當然會覺得遺憾，不過就像她結婚時所想的，如果這場她覺得懵懵懂懂的婚姻是一場賭博，至少她運氣不錯，李行對她，數十年都沒有改變。

結婚後，新婚的小倆口還沒有想到生小孩的問題，不過，隱約中命運早有安排。有一天，李行參加台製廠的新片，唐紹華導演的《沒有女人的地方》演一個詩人角色，在拍戲現場碰到資深演員王玨，閒聊之間，王玨提起：「結婚到現在，有沒有消息？」李行回說：「正在打拼，不敢生小孩。」王玨鼓勵他：「趁年輕時趕快生，孩子生下來總會有辦法的。」在資深前輩的鼓勵下，兩位年輕人才有勇氣孕育新生命。

新婚第二年，夏夜凌晨，新生命即將來報到，李行去敲對門鄰居王琛的門，告訴他太太即將臨盆，並且商借了五百元現金，叫了一台三輪車把為瑾送到內江街的婦幼中心待產。一直到天都大亮了，孩子還沒動靜，婦幼中心的醫生判斷是胎位不正，建議他們轉到中山北路一段省立婦產科醫院動手術，原本李行堅持不轉院，醫生還問緊急時保大人還是保小孩，李行氣得大叫：「大人小孩都要保。」直到為瑾的大姐趕到，才決定轉到省立婦產科醫院，副院長鄧大夫檢查後表示，沒問題，可以平安生產，折騰了十二小時後，孩子腳先出來，居然能自然生產。由於羊水早已流光，悶得孩子哭不出來，醫生抽了李行一管血，注進孩子的體內，他馬上就哭了出來。這是李行的第一個孩子，他按照家譜名字排行，取名顯一。

演一場舞台劇，只夠買一罐奶粉

婚後，王為瑾早辭了教師工作，專心在家照顧孩子，李行當時已經離開《自立晚報》，希望能繼續自己喜愛的影劇工作，只是影劇工作不穩定，好不容易賺了一點微薄的酬勞，都給顯一買最好的奶粉吃。李行記得他演一場舞台劇的酬勞是五十塊錢，可是嬰兒奶粉一天一天價格飛漲，粉紅色罐裝的SMA奶粉，當顯一初生時，一罐四十二元可吃五、六天，到了顯一六個月大，一罐吃兩天就沒了。有一次，家中食糧用盡，李行到《自立晚報》向母親借五十元，買了一罐漲到四十五元的奶粉，剩下五塊錢，買花生米、饅頭、鹹鴨蛋，夫妻倆熬了稀飯打發一餐。

那年過年，為瑾用毛巾布做一件圍兜，就算孩子的新衣服；還有一年，唐紹華導演的太太唐師母來家中探望，給了一個紅包，李行拿了到建新百貨公司給為瑾買了一件大衣，感激她這些年來陪他度過這些苦日子。即使是這樣的日子，李行他們也會苦中作樂，在孩子入睡後，端把椅子到院子，所謂院子，其實就是門對門中間的水泥路，擺幾盆花，就當作是院子了，李行夫婦跟王琛夫婦在院子裡聊天，談到唐導演馬上要開拍新戲，他們就會有工作了，明天還有希望，精神上還是很愉快。

這幾年日子過得非常辛苦，李行的父母為了《自立晚報》也是焦頭爛額，自顧不

一九五六年，李行伉儷與四個多月的顯一攝於台北市衡陽街的京都歌廳，時李行參加聯邦影業公司新片《沈常福大馬戲團》演出。

暇。又過一年，李行實在撐不下去，就搬離仁愛路租住的違建房子，搬到長安東路，住回父母親的家裡。一直到李行有機會執導影片，開始大量拍台語片，他的經濟情況才有轉機。

卷參／電影李行

一 演員李行

從小，李行就是戲迷，華山上的「織夢」，過年的時候克難演出跑旱船，還有中學時話劇、電影，拼命看，努力找機會演，都是因為對戲劇那種說不出的狂熱。少年時他不計代價地努力吸收，不管是看戲、編劇、演戲還是導戲；不管是校內的話劇社，還是校外的職業劇團，只要和戲劇、電影有關，李行都不放過，他形容自己像牛吃草一樣，只管吃，儲存到胃囊裡，等到有一天有需要時再吐出來慢慢反芻。

李行對戲劇的學習與認識，除了蘇州社會教育學院一學期的科班教育外，大多是自己觀察、體驗、摸索出來的，而台灣電影業在歷經光復、日本政府撤退、國民政府遷台這個百業待興的階段，其困頓、匱乏的窘境，也可說是處於草創時期。

戰後初期只有新聞片

日治時期的台灣，只有台灣電影製片廠一家電影公司，專門拍政令宣導之類的紀錄片和不定期的新聞片。光復初期，台灣經濟貧困，但社會大體安定，當時的電影製作只有一年不到十部的紀錄片，主要是記錄、報導台灣當時在農業、工業、交通、電力、社會等方面的實況，及長官公署的一些行政與建設，與日治時期用電影進行政治宣導的作法相同。隨著國共內戰日趨激烈，而在台的統治階級又治理無能，造成台灣經濟通膨嚴重，社會治安敗壞，終於導致二二八事變。此後連新聞片、紀錄片也減量生產，直至五〇年代台灣局勢逐漸安定後才又逐步發展起來。

從一九四五年到四九年間，有兩部中國劇情片以台灣為背景，來台灣出外景，一部是何非光導演的《花蓮港》，描寫原住民少女愛上漢人青年的故事；另一部是張英、張徹合導的《阿里山風雲》，則是講述吳鳳的故事。《阿里山風雲》在台灣拍攝時，大陸恰好風雲變色，外景隊落難台灣，持續完成影片，因緣際會成了二次大戰後台灣第一部台產國語劇情片。

官方主導，反共抗俄路線

一九四九年國民政府遷到台灣，帶來了公營隸屬於國防部的中國電影製片廠的大批人員與設備，還有國民黨的農業教育電影公司也帶來了很多的攝製器材，使得政府主控往後的台灣電影發展；而三〇、四〇年代上海優良的人文電影傳統與民間電影人才與設備，除滯留上海者外，部份則移往香港，造就了往後香港國語電影的發展基礎。反觀台灣，不但缺乏優秀的編、導、演人才，加上國民政府鑑於大陸時期在電影戰場上吃了左翼的悶虧，到了台灣乃對電影嚴加控管，因此五〇年代的台灣電影基本上可說是乏善可陳，尤其是國語劇情片，如農教公司開拍，向中國電影製片廠借將，宗由導演的《惡夢初醒》、唐紹華導演的《皆大歡喜》、以及台灣省新聞處電影製片廠開拍、袁叢美導演的《罌粟花》等，都是配合反共抗俄的文藝路線，使電影完全成為政治宣傳工具，藝術價值不高，而且空有組織架構，技術人員和演員屈指可數，只有中國電影製片廠有完整的拍片班底，開拍影片都得向中製廠借將。

農教公司拍的《惡夢初醒》可說是國民政府到台灣後的第一部劇情片，那是鍾雷的小說改編，宗由導演，盧碧雲和王玨分飾男女主角。拍完這部片子很多中國電影製片廠的技術和製片人才就留在農教公司工作，另外有一批佈景和劇務人才轉到台製廠，部份資深的攝影、錄音人才留在中製廠，這些為數可觀隨中製廠到台灣來的電影人才，成為台灣電影發展的主力。

投省政府所好，歌頌三七五減租德政

一九五〇年，大華影業公司的吳樹勛看準時機，認為當時拍政府剛實施的土地改革

「三七五減租」政策的成果宣導片，預先描繪農民經此德政後生活改善的樣貌，一定投當局所好，果然省主席陳誠一聽《春滿人間》的拍片計畫就大為讚賞，立即核准省府相關單位貸款支援拍攝。其實吳樹勛雖在大陸拍過電影，但在台北連掛招牌的地方都還沒著落，等拿到第一期貸款就飛往香港，買攝影機、燈光器材、膠片，然後找唐紹華、焦鴻英，攝影師王劍寒等工作人員來台，唐紹華就是在這樣的機緣之下到台灣來發展。

唐紹華導演抗戰時在中國國民黨黨部工作，抗戰勝利復員後回到上海，接收日本人留下來的電影公司，開始經營影藝事業，既能編劇，也能導戲，在上海拍過白光主演的《珠光寶氣》，以及焦鴻英主演的《美艷親王》。一九四九年國民政府播遷台灣後，唐紹華和許多中國影藝圈的人一樣，先到香港尋求發展。

吳樹勛畢業於黃埔軍校第三期，曾任重慶時代的中國電影製片廠廠長，歷經八年抗戰最艱辛的影劇工作，在台灣草創期拍片的工作難不倒他，他以抗戰的克難精神拍片，儘管片子還沒開拍，資金已經用掉一半，但吳樹勛仍有信心完成。他利用各種關係，借到台中霧峰一間小學的禮堂做攝影棚，再借兩間教室做員工宿舍，大家打地鋪，吃大鍋飯，解決了吃住問題，也節省了許多開支，可是出外景沒有劇務費，佈景搭到一半材料費用完了，只得停工讓吳樹勛去找錢，停停拍拍，兩個月可以完成的戲硬是拖了一年才殺青。

唐紹華跟日後跟著他工作的李行這些人提過往事，他從香港來到台北時，以為可以大展鴻圖，結果大失所望，台灣一切因陋就簡也就罷了，跟《春滿人間》這部戲相關的任何細節都未到位，就連吳樹勛指定的編劇周旭江也尚未把劇本寫好，只得從頭做起。他住在朋友家裡，一方面和周旭江討論劇本，一方面約請有關人員展開籌備工作，前後忙了三個月，仍未開鏡，他心裡急得不得了。好不容易開拍了，沒多久，錢就用完了，只得停工，片子拍不到一半，唐紹華就決定不玩了，於是導演從唐紹華換成了胡傑。唐紹華到台灣發展的第一部戲雖不順利，不過，至少，他在台灣留下來了。

乾瘦、枯扁的糟老頭李行

霧峰遠在台中鄉下，拍戲之艱苦外人很難想像，當時還是師院學生的李行，一心一意想從事電影工作，不計酬勞、不論角色大小，只要有戲拍就好。胡傑抗戰時在中製廠追隨過吳樹勛，於是接導《春滿人間》，他也是舞台劇導演，因此和李行、田豐、李冠章等人在戲劇界早就認識，胡傑接拍之後，把劇情調整了，增加了三個地主的角色，於是李行就有戲演了。

他記得當時的攝影師王劍寒是有經驗的資深攝影師，一場戲拍到李行在內的三個地主在一家酒店密謀，那是黑白片，打好光後，攝影師覺得三位地主的臉上太亮，便在燈

年輕的李行雖瘦，但英俊挺拔，為求有戲可演，只能委屈求全，但前輩導演安排角色，總是讓李行超齡扮演乾瘦、枯扁的糟老頭，亦因此李行決心退居幕後。

光前加一層紗，還是太亮，再加，仍然太亮。因為這三個人既然是地主，天天在田隴走動，應該面色黝黑，太白臉色便不真實，於是攝影師便問，你們臉上化粧是用的幾號底彩，怎麼像個小白臉，化粧師趕緊重新用三十號的底彩為他們補粧，攝影師很不客氣地對李行他們說：「記住，以後你們的臉永遠用三十號！」

這便是一個乾瘦、枯扁的糟老頭形象的演員李行。

李行在拍片時聽說前一任導演是唐紹華，緣慳一面，頗為遺憾，這部戲的技術人員如燈光師鄭惠波、攝影助理白鑑、剪接師沈業康都是香港來的，片子拍完後，除了攝影師王劍寒回香港，其餘的都留下來工作，這也是這部戲對台灣電影的另一個貢獻。

一九五一年六月初，還是台灣省立師範學院學生的李行，又有機會參與電影《永不分離》的演出。這部戲的主角是資深演員王玨，他向導演徐欣夫推薦，李行才有機會在片中演個小角色。《永不分離》是中影公司的前身農業教育電影公司開拍的新戲，片子在台中谷關的八仙山林場拍攝，演員們自帶行李，在山上的小木屋一住就是兩個月，這期間李行會碰上學校大考，但他不願放過這難得的演電影機會，還是請了假上山，暑假開學再行補考。

把小配角當成重要角色來琢磨

李行在戲裡演一個林場職員小角色叫黃夏，他拿到劇本後，從頭仔細看到尾，發現黃夏的名字從未被別人叫過，也就是黃夏這個角色有名字等於沒有，只是編劇給演員的一點自尊，其實就是路人甲、路人乙之類的角色。可是在蘇州社會教育學院讀了一學期戲劇組的李行，他研習過表演及對角色的分析，所以他不管黃夏是小得不能再小的小角色，仍然按照自己的學習經驗，為黃夏寫了上千字的角色分析，包括性格、學習環境、家庭背景等，導演並沒要求他這麼做，他自己要求自己。

這是李行第一次的正式商業演出，就算他事先下足功夫，做了許多準備，但正式上戲，站在攝影機前，當場記拍板一響，攝影機一開動，他腦中一片空白，什麼都忘了，只是呆呆地僵在那兒。幸好這是個微不足道的角色，沒有人在意他，卻也讓李行了解演戲不是那麼簡單的。

他記得其中有一場，職員甲、乙和場長王玨的戲，本來拍這個鏡頭只有場長王玨需要上場，但攝影師覺得畫面太單調，就增加了兩位職員的背影，於是扮演職員甲的李行就和另一位職員乙演員張萍背對著攝影機站著。雖然只是站著聽場長講話的戲，不過李行自己覺得背對鏡頭也可演戲，於是偶而用手摸摸褲子口袋微微動一動，用身體做表情，結果攝影師大吼道：「動什麼動，別動！」李行和張萍只好像兩根木頭一樣，死死站著，呆若木雞。後來李行自己當導演，想到這一幕，他覺得稍微讓演員動一動自然一些，是可以允許的，不過，可想見當時攝影師的權力有多大。

李行演的第三部戲，是他結束師院附中的教師工作，在《自立晚報》跑文教、影劇新聞時參與演出的《罌粟花》，該片也是原本專拍新聞片的台製廠拍的第一部劇情片，那時的製片條件已經比前兩部片好，導演袁叢美的拍片經驗也比較豐富，可是李行的角色是旅館的賬房，是要在年輕光滑的臉上畫皺紋、黏鬍子，也是個糟老頭。婚後另一部由唐紹華導演的《馬車伕之戀》，李行演一位維吾爾族馬車伕的父親，仍然要畫皺紋、黏鬍子，表演方面也沒有發揮的空間。

終於不黏鬍鬚，改演年輕詩人

直到一九五五年底，李行終於有機會演了一次不黏鬍子的小生，那是唐紹華導演的《沒有女人的地方》，是根據同名的舞台劇改編的電影，李行跟著唐紹華導演已經拍了好幾部戲，唐導演對李行很好，也知道他常發牢騷說自己老演些不合年齡的角色，於是這部戲派給他較合乎年齡的角色，演一個詩人。

這部戲的女主角是焦鴻英。那時的三大製片廠之一的台灣省新聞處電影製片廠，

一九五五年，李行在唐紹華執導的《沒有女人的地方》一片中飾演年輕詩人一角，是李行演員生涯中僅有適齡的角色。前排右起飾演工人高明，導演楊甦，醫生古軍，音樂家周旭江，後排中為拳擊手井淼，左為畫家田豐。

一九五六年，李行與龍芳（右）攝於宜蘭太平山林場《翠嶺長春》外景現場。龍芳時任台製廠廠長，與李行談話時，知道他對電影有一番抱負。一九六〇年初，當龍芳知道李行為了日漸加重的家累，行將改行，乃誠邀李行到台製廠拍攝省政建設彩色紀錄片，扭轉了李行的一生命運。

由龍芳接任廠長，龍芳曾任職國防部康樂總隊總隊長，常跟著經國先生去勞軍，據說當他要去接台製廠時，經國先生交代他，追隨國民黨來台灣的幾位女藝人要多多照顧，經國先生指的就是吳驚鴻、焦鴻英和戴綺霞，要龍芳開拍三部戲分別讓她們主演。於是吳驚鴻演了吳文超導的《翠嶺長春》、戴綺霞演了白克導的《黃帝子孫》，然後焦鴻英就是演這部《沒有女人的地方》。這部影片劇情描述在海邊的一棟別墅裡，住著七個不同職業的男人，像是音樂家、畫家、導演、詩人、拳擊手、醫生、工人等，有一天在海邊救起了不知何處漂流來的女主角，於是住在屋子裡的七人之間，發生了微妙的變化，李行演詩人。拍這部戲，前輩王玨鼓勵李行，說他演戲太緊張，這樣不成的，他給李行演戲的八字箴言「死不要臉、旁若無人」，意思是演戲時要放鬆，當做在自己家中，身旁沒有外人，這樣演起戲來才會自然生動、完全投入。王玨這八個字乍看很直接，其實是深入淺出。李行也因為王玨的指點，從此排除心理障礙，演戲也就放得開了。

龍芳遵照蔣經國指示開拍的這三部影片，因為女主角都不是年輕女星了，前兩部還好，當這部《沒有女人的地方》片子完成，電影院就成了「沒有觀眾的地方」，賣座非常淒慘。

受盡委曲演出超齡角色

把對戲劇的熱愛全部投注在演戲工作上的李行，這段時間的生活真是非常艱難，當時他已經離開《自立晚報》，專心在等待拍戲機會，不過這些零零落落的演出機會，看起來似乎毫無前景，但是李行仍不放棄，這個堅持直到他演出台製廠的《翠嶺長春》才開始動搖。他在片中演一個林場老工人，要和另一個工人的母親偷情，不巧被她兒子撞見，然後挨打落荒而逃，又是一個要黏鬍子的糟老頭角色，這樣的戲不僅難堪，而且演母親的、演兒子的演員每一位都比李行大十幾歲，只不過是這個演兒子的演員，比李行有名氣罷了。李行演這樣不適齡的角色受盡委曲，演完這部戲，他下定決心不當專業演員，到幕後來學做導演。

李行回想這一段短暫的演員生涯，他覺得自己若好好演戲，可能有機會成為好演員，只是可惜沒有一個好的開始，當時他人很瘦，那個年代的化粧技術又不好，臉上皺紋用眉筆一條一條畫，鬍子用黑白毛線替代，黏鬍子的膠水也不好，看起來鬍子是一整片，他一個廿歲出頭的年輕人老是演老頭子，感覺被糟蹋了，所以才會選擇退居幕後。

二 副導演李行

李行從一九五七年開始，跟著唐紹華當副導演。

或許是國民政府退守台灣的戰亂經驗，以及社會局勢動盪造成的不安全感，那個年代的電影工作者包括一部戲的靈魂人物導演在內，對自己的未來都沒有規劃，只顧眼前，當權時作威作福，也不會想把自己的工作經驗傳承下去，加上拍片環境很蕭條，像國民黨黨營的中央電影公司，一年拍一部戲，兩位專屬導演輪流拍，這部是宗由導演，田琛就得等下一部。民間的影業公司，拍戲機會也不多，只有有限的幾位導演有戲拍，在這種情形下，演員為了爭取演出機會，常常要跟在導演身邊，陪打麻將，幫忙跑腿抱小孩等等，而導演可能要過一兩年才會想起他，給他一個角色演。像李行這樣從副導演學起的人，何時才能熬出頭，誰也不知道！

副導演比較像導演的傳令兵

何況雖名為副導演，並不參與分鏡、處理戲、說戲等實務工作，實際上工作性質比較像是導演的傳令兵，幫導演打雜，供導演使喚，若想從導演身上學一些功夫，恐怕得靠運氣了。有心的副導跟在拍戲現場專心偷學，有時正投入時，導演就會找個理由把你支開，「李行啊，去幫我買包煙」，李行也只好不情願地離開現場。尤其是分鏡表這種專業技術層面較高的事，在片場是最高機密，拍片當天由導演當面告訴演員分鏡內容，李行想知道導演今天的鏡頭是如何安排的，只有事後從場記那兒慢慢套問，一點點拼湊起來。今天的戲拍完，隔天要看毛片，這也是機密大事，只有導演和攝影師兩個人看，副導演是擠不進去的。

李行追隨唐紹華當副導演的第一部戲是牛哥小說改編的《情報販子》，是香港新世紀影業公司委託唐紹華在台灣拍攝的影片，香港只來了一位女主角，就是廈語片紅星鷺紅，其餘演職人員都在台灣就地取材。李行除了是副導演還兼演其中一角，戲份很重。接著，唐紹華開拍新戲《追凶記》，李行仍是副導演還軋一角，這部片中有一首插曲，就是迄今仍膾炙人口的〈綠島小夜曲〉，由紫薇幕後主唱。之後，新戲是《水擺夷之戀》，這次李行專做副導演，不參加演出。唐紹華對年輕的李行相當提攜，不但讓李行跟著他當副導演，也讓他演戲。

這段時間，李行結婚，有了小孩，事業上開始有了起步，可是經濟狀況卻一直不太好，之前在《自立晚報》的工作，也是《自立》財務狀況最糟的階段，薪水很少準時發放。當了演員和導舞台劇的時候，開始有點收入了，但養家開銷很大，前面說過，他導或演舞台劇，報酬是一場五十元，只夠給兒子顯一買一罐嬰兒奶粉。後來跟著唐紹華當副導演，但拍戲工作是拍了這部片子不知下一部在哪兒，有一搭沒一搭的，他們不管是有戲拍還是沒戲拍的日子，最常做的事是去一家茶館泡著。

沒戲拍的日子，在茶館泡茶殺時間

當時在衡陽街、重慶南路口，一整排兩層樓的房子，有一家中光茶室，他們這一群以唐紹華為首的電影工作者，經常在這兒喝茶，後來又改到成都路的白光茶室。中午過後很自然就在茶室聚集，叫一杯茶，從很濃的第一泡茶，喝到一再回沖連茶色都沒有的白開水，李行他們圍著唐導演，聽他海闊天空，漫沒目的地閒聊，總之就是打發時間。

唐紹華做人很海派，說話也是，有時還拿出香港電懋公司總經理鍾啟文寫給他的信紙，雪白的信箋左下角一行紅紅的「啟文用箋」的字樣，表示鍾啟文和他常有書信往來，隨時可能開拍新戲。雖然後來李行他們也理解到，唐導演有些話可能虛誇了些，但就是這些有點「膨風」的言談，讓跟著唐導的這些人，一直充滿希望，就是這些看似飄渺的希望，讓他們對電影工作的熱愛能持續著。

「快要開拍新戲了」、「大家快要有戲演了」、「就要有工作了」，這些話說多了，終於也有實現的一天，後來唐導果然找到地方角頭蔡金塗投資，開拍台語片《五子哭墓》，等《五子哭墓》拍完，等待下一部戲的空檔，他們又到白光茶室去耗著，繼續海闊天空地侃大山。

唐紹華是幽默瀟灑的人，從他給孩子取名就看得出來，他有四個小孩，分別順序取名為眉、眼、嘴、耳，唐眉、唐耳是兒子也就算了，唐眼、唐嘴這兩個女兒的名字感覺不是很好，最後只有唐嘴改為音近的唐最。唐紹華退休後僑居美國，李行每次到美國去都會去探望唐老師，在李行主持金馬獎執委會期間，第三十屆金馬獎也頒給唐紹華終身成就獎，李行特別安排把唐老師、師母請回來領獎。唐老師他們在洛杉磯跟一直沒有成家的長子唐眉同住，唐師母過世後，李行曾去看老師，但全程避談唐師母，只叮嚀唐眉要注意老師的起居、情緒。兩年後，二〇〇八年的六月廿七日，唐老師也過世了。

唐老師過世不久，七月十四日下午，李行在台北市南昌路十普寺誦經超渡唐老師和師母，聊表悼念心意。李行說：「和唐老師同輩的電影人幾乎都不在了，不是作古就是不能行動，所以那天唸經也只有我和黃仁和工作室的吳國慶三人。唐老師過世，黃仁寫了一篇紀念文章，送去報館登，但現在連線上的影劇記者都不知道唐紹華是誰，這件事讓我很感慨，時下的年輕人不回顧歷史，不想去了解歷史，人情淡薄。」

藝術就像跑馬拉松，最重要的是跑到終點

當年他們在白光茶室等戲拍的閒散時光，在唐老師過世後，反而點點滴滴在李行腦海中出現。他記得唐老師和他們在一起，大多是在說自己的事，譬如今天在哪個地方上課，台下聽講的有哪些人等等，聽得出是在誇耀自己是個重要人物，但日後回想起來，在那個時機點，唐紹華若不藉由顯示自己很有辦法，來建立跟著他的那些人的信心，可能李行他們等不到下一部戲拍，就都各奔前程去了。很多時候唐紹華也說一些人生大道理，像丁皓、林黛、樂蒂這些人先後去世之後，唐紹華很感慨地對他們說，不要看他現在很好，是導演裡的一把交椅，很難說什麼時候藝術生命就結束了，他經常把自己對電影藝術的認知告訴他們：「藝術不要爭一日的長短，不是百米衝刺，要靠耐力，就像馬拉松賽跑一樣，最重要的是要從起點跑到終點，所以不要搶先，要保持體力，支持到最後。」唐紹華的這番話，讓李行一生受用不盡。

拍戲感染肝炎，在窮困中堅持希望

一九五八年，李行跟著導演田琛拍《血戰》，演員兼做副導演，這部戲的戰爭場面拍得逼真，田琛導演是李行一直很景仰的前輩，李行和他工作起來感覺很愉快。不料李行拍片時不慎被刺刀刺傷，注射針劑消毒不完全，因而感染肝炎，住院一個月，回家又休養了兩個月，出院時還是母親把醫院的費用結清的。當時的李行可說是人生最困頓的階段，若不是李行骨子裡那股堅持不畏難的個性，以及對電影工作的熱愛，可能早就放棄了。

他和那些一直在電影工作上堅持著的朋友，像王琛和他對門而居，晚上，他們端把椅子到院子，一方面納涼打發時間，一方面聊著對未來的想望，說到「唐先生馬上就要開拍新片了，我們就要有工作了」，物質上的匱乏立即被精神上的愉悅給掩蓋住了，明天仍然充滿希望。

一直到執導第一部台語片大賣之後，李行的電影事業才算正式開始。

李行（左下）在田琛執導《血戰》一片中，演員兼副導演，飾演一個膽怯懦弱的士兵。

三　台語片

一九五五年麥寮拱樂社歌仔戲團團主陳澄三與何基明導演合作，拍攝該團的拿手戲《薛平貴與王寶釧》，成為光復第一部台語片，也開啟了由一九五六年到一九八一年最後一部台語片《陳三五娘》這長達二十五年的台語片時代。據統計，台語片的總產量將近兩千部，產量最多時高達一年一百二十部。《薛平貴與王寶釧》在當時台灣社會引起大轟動，打破好萊塢電影與香港國語片的賣座紀錄，引來一窩蜂的歌仔戲跟拍風，以及台語片接二連三的拍攝，這多少也反映國民政府統治後台灣人（尤其是中南部與中下階層觀眾），在鬱悶的國共對峙與美蘇冷戰局勢中，找到了終能引起共鳴的本土電影文化。

台語片盛行二十五年

台語片初期以歌仔戲劇目、台灣民間故事或社會事件如唐紹華導演的《廖添丁》、

《林投姐》、白克導演的《瘋女十八年》為主，內容偏向苦情、哀怨；到了李行導演的《王哥柳哥遊台灣》走喜劇路線，一掃台語片的悲情走向。台語片一般均為低預算，投資者也多半缺少長遠的眼光，因此往往因陋就簡、節省電影底片與工作人員、趕拍急就章上片，造成影片粗製濫造，埋下台語片自毀的因子。其實台語片界原也有一些人才，也有如何基明、林博秋等人興建私人片廠培養人才以提升影片品質的企圖，可惜時機不對，加上政府對台語片採取不聞不問任其自生自滅的政策，使得台語片終究落得劣幣驅逐良幣的下場。諷刺的是，五〇年代由於台製國語片不振，公營製片廠的人員與設備多半閒置，台語片興起使得這些人員與設備得以充份發揮功用，為六〇年代台製國語片的興起奠定基礎，卻也是進一步打擊了台語片的生機。盛行二十五年的台語片這才走到盡頭。

當台語片盛行時，台灣電影界面臨人才荒，給了李行這些年輕一輩的副導一個機會。

李行的好友楊祖光試圖遊說只做發行不製片的台聯影業社的老闆賴國材拍片，他說：「現在台語片那麼賣座，我們為什麼不拍？大家都拍民間故事、歷史傳奇，是古裝悲劇，我們可以反其道而行，拍時裝喜劇。」像西片流行卓別林、勞來哈台等喜劇，李行、楊祖光他們都很熟悉，就想仿勞來哈台模式，來個一胖一瘦的王哥柳哥兩傻遊台灣。

賴國材也很肯定這個主意，只是要找誰執導呢？楊祖光又說：「現在有名的大導演都很忙，我們可以提拔新人，幾個和我合作的副導都表現不錯。」可是第一次投資拍片的賴國材不放心新人執導，於是楊祖光又說：「這樣吧，我們找田豐、李行，再找一個喜劇演員張方霞聯合導演，由李行執行導演，這樣總放心了吧？而且請三個導演只要一份酬勞，很划算吧。」如此才說服了賴國材，而李行也終於從副導升格為導演。

李行雖然當副導也拍了很多部戲，其實對於導演工作只是一知半解，拍《王哥柳哥遊台灣》時，他簡直是從做中學，第一天拍戲就鬧了不少笑話。

如何「笑話百出」，編劇不管

當時的拍片環境尚未上軌道，像李行這樣連鏡頭要怎麼擺都沒有概念的菜鳥導演也可以上陣，而劇本之簡單更不在話下。開拍的第一場戲，蕭銅的劇本是這樣寫的幾句話：「兩傻遊關仔嶺，住進旅社，洗完溫泉澡，叫了兩個按摩女，為他倆按摩，笑話百出。」李行等三位導演就問編劇，如何笑話百出？蕭銅回答道：「這還要問我？笑話百出是你們導演去設計，好好用腦筋想想，否則要導演做什麼？」

而且劇本雖寫「遊關仔嶺」，實際拍片卻在北投美華閣，如何克服場景的變換，都是導演要做的功課。三位新導演只好一切自己來，在家裡先想好、也分好鏡頭，他們雖然知道要有遠景、近景、特寫，哪知一到現場，才發現紙上談兵和現實狀況有相當距離。

他們到了拍片現場，攝影師是專拍台語片的名攝影師陳忠信，他問導演李行，第一個鏡頭準備擺哪兒？要怎麼拍？李行第一句話就被問住了，而攝影師也馬上知道，這是一個菜鳥導演。

李行說這個鏡頭要能看到王哥柳哥已經洗完澡躺在榻榻米上等按摩女進來，攝影師就告訴李行：「這樣吧，我先擺一個鏡頭

《王哥柳哥遊台灣》工作同仁合影。左起：田豐、張方霞、矮仔財、李冠章、陳忠義（燈光）、陳忠信（攝影）、李行。

給你們看看。」於是陳忠信找來助理，把攝影機腳架拉開，再用高台把機器墊高，自己站到一把椅子上，從攝影機的觀景鏡裡檢視鏡位，這個鏡頭是由上向下俯拍。經過這一場戲，李行才知道，室內戲，尤其是一個房間，從四個角拍是最大角度，可以看到室內的全貌。

菜鳥導演看日本電影學分鏡

經過這第一次的實地上陣，李行慢慢從做中學，而且大量觀看日本電影，增加自己對導演工作的認識，以前他看電影是看熱鬧，只是看故事或看演員，現在要開始看門道。日本電影分鏡很明顯，導演的處理手法、轉場及轉接的方法、劇本結構、角色的刻劃等問題，李行就從這些學起，然後慢慢吸收消化成為自己的東西，用到自己的導演分鏡計畫中。

這部戲雖有三個導演，但三人的導戲經驗都不夠，老闆預算又抓得緊，賴國材要楊祖光告訴他們得拍得快，時間就是金錢，將來上片時還得賣座，最後片子拍完剪出的第一個版本有兩個半小時。那時的台語片，大約是一個半小時的長度，一天要演七、八場，過年時甚至一天演九場，如果片子長達兩個半小時，那得少演多少場，少賺多少錢！老闆當然不肯，就要李行把片子剪短。

李行想，剪掉一個小時的戲多可惜，靈機一動，乾脆要編劇把劇情加長，既然是遊台灣，多遊幾個地方好了。戲的原創構想是算命先生說兩位胖瘦主角，瘦子柳哥只有為期不長的壽命，兩人才會想趁著有限的人生遊遍寶島。既然這樣，只要把剩餘壽命多加幾天，多遊覽幾個地方，就可以把片子加長了三、四十分鐘，分成上下集，只多拍三、五天的戲增加一點點成本，結果一部戲的成本變成兩部戲的收入，簡直賺翻了，這一來，賴老闆高興得不得了。

《王哥柳哥遊台灣》是與田豐、張方霞聯合導演，李行執行導演的第一部電影，也因該片大賣，讓李行成為正式獨當一面的導演。

李導從不藏私，樂於培植後進

《王哥柳哥遊台灣》大賣，雖是李行、田豐、張方霞三人聯合導演，由於李行是執行導演，接著賴國材繼續開拍新戲，就交由李行一人執導，李行這時才算正式擺脫副導演的生涯，成為獨當一面的導演。

李行當上導演之後，深深感覺到自己的不足，一大部份原因是當副導的他無法從導演那兒學到東西。他不是藏私的人，也不想讓自己當副導時的困境重現，所以他做事清清楚楚，譬如說明天要拍三場戲，主要演員，主要工作人員都有一張分鏡表，三場戲一共十八個鏡頭，他前一天都寫好了。在李行導演這兒作業公開，沒有不可告人之事，現在是大導演的侯孝賢，就曾經是李行的場記，也是在李行這兒淬鍊了紮實的功夫。

接下來台語片有幾年的好光景，李行也接連導了《豬八戒與孫悟空》、《豬八戒救美》、《王哥柳哥好過年》、《王哥柳哥過五關斬六將》、《白賊七》、《新妻鏡》、《武則天》等片。

拍這麼多台語片，很多人好奇不會說台語的李行如何執導台語片，對這個問題，李行認為語言是溝通的工具，語言的發展有時代的意義，像現在本土意識當道，就有人質疑他在台灣住了六十年，還不會說台語，李行說：「回顧、批判過去，要先理解過去的歷史。我在大陸生活了十九年，到台灣時，因為推行國語運動，本省同學抓住機會就要跟我學國語，他們私底下則說日語，所以我根本沒有機會學台語。國民政府遷台，為了讓大家能順利溝通，推行國語運動，也是無可厚非的事，現在這麼多年過去了，大陸方面很多學者對於台灣讓語言一致的成效也是很肯定的。」

語言問題也曾困擾金馬獎

語言的問題在電影藝術的發展上也曾經是一個討論的焦點，像電影金馬獎，從一九六二年成立開始，主旨就是獎勵優良的國語電影及國語電影工作者，但以香港電影來說，在六〇年代以前的港片除了國語片，粵語片也很盛行，六〇年代以後粵語片沒落，七〇年代香港年輕一代導演很多赴歐美進修，學成回港後，又有自覺恢復粵語片的拍攝，但為了要參加金馬獎的競賽，會為參展片配上國語發音。九〇年代以後，台灣影片也有類似情況，如《悲情城市》、《無言的山丘》等片，在拍攝期間都是說台語。金馬獎常設機構在一九九〇年成立，李行是首任主席，當時就有些評審委員對語言問題提出意見，要求香港電影以原音參展，之後為了這種要求原音參展的趨勢，於是金馬獎也順勢更改宗旨，把「獎勵優良國語片」改為「獎勵優良國產影片」，可見語言在電影藝術的發展上，曾經是一個討論的話題，但隨著時代潮流，問題自然而然解決了。

回看不會說台語的李行如何執導這麼多台語片，李行說：「那時政府推行國語運動，本省人很多都會講國語，演王哥的李冠章是南京人，語言不成問題，像矮仔財等人，也會講國語，拍戲時，王哥說南京腔國語，柳哥說台灣腔國語，一點也沒有溝通的困難。如果演員真的不會說國語或者台詞唸錯了，有副導演和攝影師在旁邊，他們會告訴我，需要溝通的時候，交給副導演就行了。而且當時台語片為節省底片成本，很少NG，爺爺叫成爸爸，配音時調整過來就好了，嘴型差一點沒關係，沒人講究。」

李行就用這種方式拍了許多台語片，不但改善了他的經濟狀況，累積了拍片臨場經驗，奠定了他一線導演的地位，也為他後來拍寫實電影或是流行電影打下了基礎。

四　藝術的李行

台語片固然讓李行學習到導演的實務工作，但台語片預算少，對於作品的藝術性也不太講究，這讓一直想在電影藝術上成就一番功業的李行，總覺得不滿足，自然很想更上層樓，而中影擁有優秀的基本演員、導演、技術人員，還有優良的電影攝製器材和攝影棚，同時在全台擁有完整的院線，進中影正是實現電影夢最理想的環境。

李行曾經三次申請進中影，第一次是想申請進中影當基本演員，中影以基本演員已滿額拒絕；第二次是申請進入中影當導演，又被拒絕了，說是中影已有兩位導演，拍片量又不多，這兩位導演——宗由和田琛每年拍片都得輪流了；兩度被拒，李行還不死心，有機會時又第三次去申請當副導演，這次中影主事的人是一口答應，但接著說：「想做副導演的人太多了，得排隊，排到何時不知道。」因此再度被拒於門外。李行遂在父兄的支持下成立「自立電影公司」，拍了《兩相好》、《街頭巷尾》兩部影片。想進中影三度被拒，拍了《街頭巷尾》卻反而成為李行進入中影公司的敲門磚，命運真是捉弄人啊！

李玉階來台後經營《自立晚報》，在新聞言論方面起了很大作用，也樹立了公正獨立的民間報紙風格，但是財務狀況卻一直處於艱困狀態，於是李玉階決定把這份超然獨立的報紙提供同好，充實力量，一九五九年他找了好友吳三連和許金德合作，《自立晚報》改組，李玉階仍任董事長，李子弋仍擔任總編輯，並邀葉明勳擔任社長，吳三連的親信王錦昌擔任總經理。也因此李家財務才好轉，也才有餘力幫助李行，成立「自立電影公司」。當時電懋公司拍了一部《南北和》的影片，講一位廣東人和一位內地的北方人因為語言、生活習慣的差異，產生誤會，鬧了很多笑話，賣座非常好，又接著拍《南北一家親》，中影公司也跟拍《宜室宜家》，以兩種背景相異的人相處之間的衝突為題材，於是「自立」的創業片《兩相好》就選擇這類討好的題材，這部片賺了一些錢，才又續拍《街頭巷尾》。

從《街頭巷尾》出發

《街頭巷尾》是李行開展社會寫實藝術風格的第一步，在都會愛情和黃梅調當道的國片影壇，有這麼一部描寫都市小人物生活的電影，確實讓人耳目一新。當時龔弘擔任中影公司總經理，看了李行的《街頭巷尾》，認為李行的作品正是中影應該發展的方向，所以一直想延攬李行進中影，但李行想到中影三度拒絕他，就不肯答應，只願合作但不簽約以保持「自我」。於是只以簽一部影片拍一部的合作方式拍了《蚵女》、《養鴨人家》還有《路》，同時也為中影奠定了健康寫實電影的路線。

拍《街頭巷尾》時要搭景，李行就向中影租廠棚，同時指定攝影師要賴成英。李行記得他有一次在王引導演的《天倫淚》片場看到賴成英，「當時賴成英為了一個仰角取鏡，特別在地上挖個洞，得以把攝影機降到地平線之下以取得一個仰角的位置，他

李行執導的《街頭巷尾》在當時流行都會愛情和黃梅調的風潮下，開創反映現實生活製片路線，讓人耳目一新。

自己跳到洞裡運鏡」，這一幕讓李行對賴成英留下深刻印象，也一直想和他合作拍戲，當時賴成英擔任宗由導演的《薇薇的週記》一片的攝影師，中影為了保住《街》片的租廠收入，就把賴成英調來支援李行拍《街》片，自此開啟了李行和賴成英十三年的合作機緣。

垃圾當寶，克難精神拍片

租了中影的廠棚，邀請著名佈景師鄒志良設計搭建了一堂小市民違章建築佈景，但道具師開出來的道具費用很高，李行想，破破爛爛的道具用得著那麼多錢嗎？於是和副導李至善、攝影師賴成英三個人騎著腳踏車到圓山新生北路一帶尋寶。現在是新生高架橋下，當時是荒郊野外，全都是垃圾，不過那一大片垃圾場旁，搭了很多棚，有人專做垃圾分類，瓶瓶罐罐、舊輪胎、破傢俱，堆積如山的廢物，看起來卻是《街》片的最佳道具，於是他們就向垃圾分類的人洽商，對方說，這都是垃圾廢物，要是覺得合用，拿去用就是了。李行一行人喜出望外，隔天找了部大卡車，把合用的東西都載走了。結果搭建貧民違章建築場景，陳設的道具不花錢就搞定，李行心想，父兄投資他拍片，是他們經營報業辛苦攢下的，這些錢得來不易，他要用這種克難精神拍出一部高水準的電影。

中影總經理龔弘伉儷，把唐寶雲當成自己女兒看待，到哪裡都帶著。圖為龔弘宴請李行、王為瑾、華慧英、賴成英、李嘉、羅慧明等。

談到李行和中影，就不得不談到龔弘。

一九六三年從新聞局轉任中影公司總經理的龔弘，他先下了功夫了解台港國片的製片生態，當時香港是彩色黃梅調盛行的年代，但一方面台灣沒有黃梅調電影的人才，而且黃梅調電影成本高，也不適合克難時期的中影，顯然這時中影應走低成本的寫實電影製片路線，不過若是太寫實的電影，呈現社會發展的黑暗面，又有違中影擔負的黨營媒體的文宣任務。就在兩難之間他看了李行的《街頭巷尾》，發現不但全片充滿溫暖的人間大愛，而且片中小人物都有努力向上的奮發精神，這樣的電影既寫實又健康，正是適合中影的製片方向。之後他又看了李嘉導演的《海上春潮》，海上的畫面拍得很美，更堅定他拍寫實電影的信心。於是龔弘選用趙琦彬、劉昌博編劇的《蚵女》，作為中影健康寫實電影的第一砲，找李嘉和李行合作，大量起用新人，取材充滿台灣的鄉土色彩，西海岸蚵田風光的景觀特殊，令人耳目一新。

雖然因為中影拍彩色片的經驗畢竟才開始，《蚵女》在技術方面還有許多改進空間，不過因為攝影表現傑出，得到日本影評人的欣賞，而在亞洲影展得到最佳劇情片大獎，而且從黑白到彩色，台灣電影技術仍然是向前跨了一大步。

《蚵女》——國人自製第一部彩色劇情片

《蚵女》是第一部國人自製的彩色劇情片，也是李行從黑白片進入彩色電影的開始。因為過去沒有拍彩色片的經驗，所以一開始攝影師很緊張，每開一個燈都要量色溫，拍外景下午兩點半以後，光線偏紅、色溫低，就得停拍。直到累積豐富經驗之後，攝影師才不必每次測光。

在彰化員林一帶拍《養鴨人家》外景時，由於色溫的關係，等於是靠天吃飯，譬如原本在員林外景片場拍戲，等到兩點半色溫不夠了，就轉移陣地到大肚溪橋下等著拍黃昏鏡頭，先把攝影機的鏡位擺好，演員的戲試好，一切就緒就等太陽下山，常常等到五

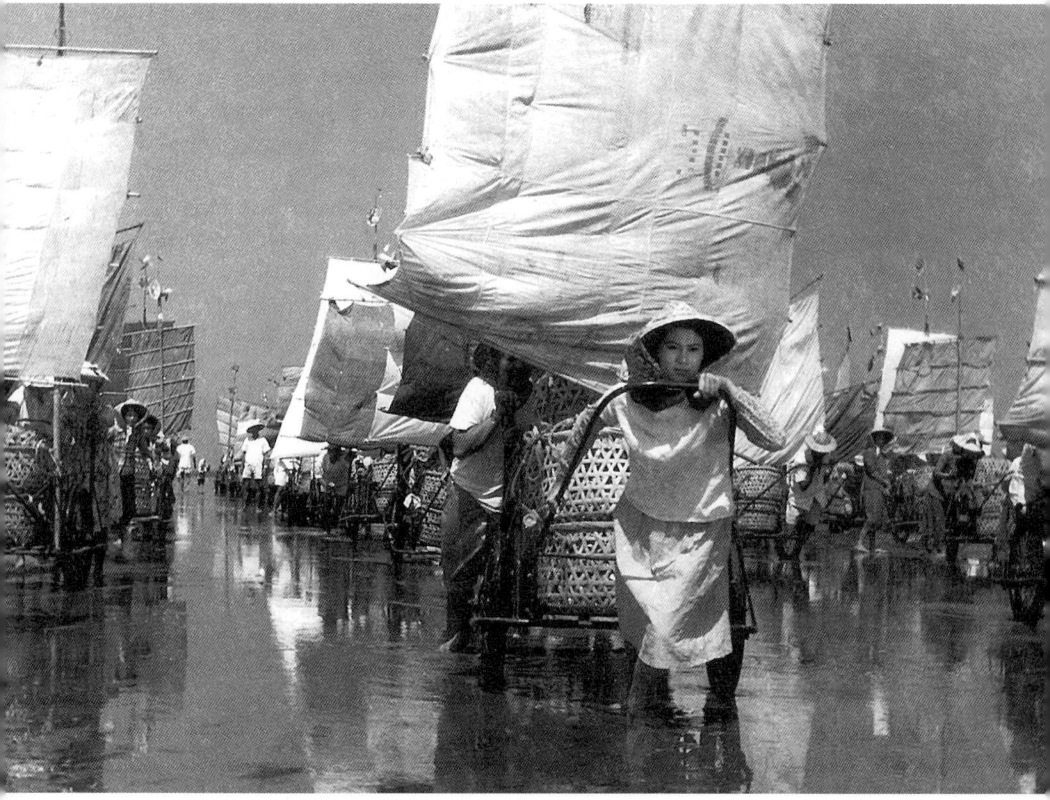

《蚵女》是第一部國人自製的彩色劇情片，開啟台灣電影從黑白片進入彩色電影的時代。

點半，太陽下山接近地面，往往只有幾秒鐘的時間，卻什麼也沒拍到，只因為天空不夠好、彩霞不夠漂亮，有時好幾天的等待只換來一、兩個鏡頭。

因為拍彩色片的色溫關係，竟然意外引發中影公司差旅費制度的調整。中影公司原先的規定是出外景時，因為演職員已經領外景出差費，所以公司不管飯，中午十二點一到，就停工，大家各自吃飯休息。很多工作人員為省錢都是自帶飯盒，或是簡單的三明治打發一餐，到了一點才又開工，可是才工作一個多小時，色溫就不夠了。所以李行在台中出外景時，決定請劇務組管飯，大家輪番用餐，中間不需休息。當時中影的稽核人員提出反對，說是已經發出差費了，不應再管飯，李行回答，為了中午休息這一個小時，可能要多出幾天外景、多發幾天的出差費，算盤打一打，哪一種方式划算，不言可喻。從此，整個電影界拍外景到外埠時，都是演職員領外景出差費，有通告拍外景時，中午管飯發便當。

李行拍攝《養鴨人家》，許多合作夥伴開始成為李行的班底，像攝影師賴成英、編劇張永祥、副導李至善，以及演員唐寶雲、葛香亭等，而這部片在金馬獎和亞洲影展大放異采，拿到了劇情片、導演、編劇、演員等大獎。

崔福生的臉催生一部戲

拍完《養鴨人家》，李行又接了福華影業公司的《貞節牌坊》。在民初北方漁村，男人出海捕魚，意外時常發生，於是村中寡婦年年增加，老寡婦自己守了半輩子的寡，幾十年才熬了一座貞節牌坊，明知守寡難熬，卻硬逼媳婦跟著守寡受苦。這是李行的副導演李至善第一次寫電影劇本，又是民營公司出資，故事單純、人物不多、對白極少，讓李行有了盡情施展的較大空

李行認為崔福生（左）的臉最能彰顯中國人的民族性，而構想了《路》這部電影。右為男主角王戎，飾演崔福生的兒子。

間。當時李行花了八個月時間，細膩刻劃小寡婦慾念的掙扎，雖然博得各界好評，可惜賣座不好，徒然叫好不叫座，不過飾演老石匠的崔福生那張臉，卻讓李行萌生下一部大戲的靈感。

李行覺得崔福生那張臉最能夠彰顯中國人的民族性，那張佈滿皺紋的臉，雖然醜陋，但每一條紋路都刻劃著中國人為生活奮鬥的韌性與吃苦耐勞堅毅不拔的性格。故事構想出自李行在報紙上看到的一篇報導，說一個炊事班長的老兵父親，自己沒讀過書，卻一心一意栽培兒子出國留學，兒子的學歷越來越高，父子間的隔閡也越來越大。當李行看到這篇報導時，崔福生的父親形象就清晰浮現。不過原始構想進一步琢磨，老兵角色就換成了築路工人，而且李行原本決定這部戲是描寫父子情，所以只想拍兩個男人的戲，但是被出錢老闆否決了，中影老總龔弘說：「沒有女主角，只有兩個男人，其中一個還是醜男人、老男人，這樣的戲，誰看啊？」於是加進了女主角李湘，演一個命運坎坷的風塵女子，和路工的兒子談戀愛，影響兒子讀書，造成父子衝突……這是後來成形的《路》。

《路》與中影文化城

拍《路》片時，李行本想到草屯出外景，打算沿著草屯鎮的街道末端搭景搭下去，搭出一條可以拍片的街景來，選擇草屯，是因為中部氣候好。李導演帶著攝影師和佈景師已經勘好景，最後邀請中影總經理龔弘去看場地，他對李行說：「你勞師動眾帶著一大群人來，吃住花費很多，佈景拍完後沒用處只能拆掉，都是浪費。」龔老總於是建議，在士林中影廠後面買地，像邵氏公司一樣，搭《路》適用的街道佈景，將來電影拍完，佈景可以留下來，別的戲也可以再用，這就是後來的「中影文化城」。

出外景，按中影公司的規定，是要離開片廠一定距離才可以算出外景，《路》片的佈景搭在中影片廠後面，稽核人員就說這樣不算出外景，不能發出差費、不能管飯，但李行認為在台中出外景和在片廠後面外搭街道景出外景，一樣風吹日晒，並不因為離片廠近就不受風吹日晒了，所以堅持管便當、發飯錢。那個年代的電影工作者，工作機會少，薪資微薄，李行這麼做形成慣例，也從此為工作人員爭取到固定的福利。

李行堅持這麼做是受到父親影響，想到父親當年為民營報業爭取比照公營報業刊登政府公告，才使民營報業有了生存空間，就讓他覺得在自己能力範圍所及，做對的事是很重要的。

李行記得，在一九五〇年代初，台灣報業由公營及黨營報紙執牛耳，民營報紙創業維艱、衰靡不振。公營、黨營各報基礎雄厚，各有支持機關，如《中央日報》、《中華日報》有國民黨支持，《台灣新生報》有省政府支持，新聞用紙優先配得，申請貸款又很便捷，並壟斷中央、地方政府公告，集優寵於一身；而民營報紙則基礎脆弱、告貸無門、廣告無源、紙價不斷上漲，可說奄奄一息。在李玉階接手《自立晚報》之後，他參與洽商都以同業共同利益優先，各家民營報紙團結起來，成立台北市民營報業聯誼會，而後成立民營報業公告聯營處，向各機關交涉，此後委刊公告，凡是發給黨、公營報紙的公告，也發給民營報聯誼會一份，黨營、公營報紙刊一份公告，收一份錢；民營報聯誼會將公告發給所屬各會員報刊登，也只收一份錢，刊登公告的收入，則以各報發行量為基準，按比例分配，這項爭取公告的措施對《中國時報》、《聯合報》影響尤其重大，奠定他們成為兩大報的基礎。

精雕細琢，一天拍不到一個鏡頭，卻賣座很差

慢工出細活，李行從《貞節牌坊》以來養成的精雕細琢的習慣，在拍《路》片時，更是講究。當時有一個鏡頭，是每天清晨交通車來接崔福生等路工上工，要一個鏡頭從崔福生家門口跟著交通車橫過整個菜市場，主婦們在買菜討價還價、市場人聲雜遝的景像和動態都要出現在鏡頭裡，清晨灰濛濛的戲如何拍出效果呢？現在有人工霧，當時都是在火爐上的鐵蓋噴白蠟油冒煙製造霧氣，常常是從這頭噴到那頭，這頭的霧氣又散了，再補這頭的霧氣，往往一天拍不到一個鏡頭，第一天拍不成，第二天再拍，十四個

月就這樣拍過去了。

花了這麼多功夫拍成的戲，上片後卻賣座奇慘。那時中影的宣傳是漫畫家王小痴，他從《街頭巷尾》起就替李行的電影做宣傳，這次他讓崔福生、李湘、王戎都穿上像教會傳教的白衣服，衣服在胸前繡了大大的一個紅「路」字，拍了照片做成大看板，掛在新世界戲院的大樓外。後來電影不賣，很多人懷疑是這種宣傳導向所致，首映當天，門可羅雀，很多人經過戲院門口，看看櫥窗裡的劇照就走了，李行當時就站在門口，看到觀眾不進來，恨不得把人拖進來看，還打包票說：「不好看，退錢。」

《路》以築路為題材，寫中國人望子成龍的觀念，兩代之間的衝突在片中也有很好的表現，可是這部大戲一拍長達十四個月，李行的導演費是按片計酬，龔弘就對李行說：「你不要再固執了，你花三個月拍一部戲，也是領一部導演酬勞，拍了十四個月，我也不能給你加錢，你自己衡量，哪一種方式對你生活有保障？」聽了龔弘的話，李行遂和中影簽基本導演約，每年拍三部，酬金平均每月支付，如此等於領月薪，生活有保障。李行從一九五四年申請加入中影，在過了十四年後，一九六八年，終於成為中影的一員。

五　流行的李行

拍《街頭巷尾》、《貞節牌坊》、《路》這些戲，導演自己耐心磨鏡頭，也看著演員在飆演技，固然很過癮，可是從《貞節牌坊》、《路》到之後的《玉觀音》，連著幾部戲失利，《玉觀音》雖然得到亞洲影展最佳影片、最佳音樂等大獎，但在台北趁著得獎捷報推出，戲院居然門可羅雀，創下中影影片最低票房紀錄，收入連廣告費都不夠付。

作品得不到觀眾的肯定，對導演自然是一大打擊，有人認為李行自《秋決》後開始一連串拍攝通俗的文藝片，是李行向電影的大眾化妥協，甚至說這個階段是李行的轉型期，其實李行一向的理念是覺得藝術不能脫離大眾，他拍《街頭巷尾》，在思鄉心切的時代氣氛中，描寫台北市違章建築內一群小人物的生活，但是後來也拍瓊瑤的電影《婉君表妹》；健康寫實的《養鴨人家》之後，同樣是愛情文藝片《啞女情深》，也有藝術電影的深度和表現不凡的傑出演員柯俊雄，藝術而能兼顧流行，在李行的許多作品中都有佐證。

第一波瓊瑤熱

李行開始拍瓊瑤的文藝愛情片，起因於中影買了瓊瑤的小說《六個夢》，其中一個外一章短篇〈追尋〉，寫一個小孤女叫婉君，三個表兄弟同時愛上她的故事，在中影打算培植新演員的政策下，這部戲可以同時讓三位男演員發揮，於是選擇開拍《婉君表妹》。李行記得，中影願意拍這種文藝愛情片是一大突破，「龔弘同意拍瓊瑤小說，當然電影要再經過包裝，於是加入王戎在外讀書時參加革命組織的情節，後來王戎在愛情上走入死巷時，去投考黃埔軍校就是一條出路，不然三兄弟愛上表妹的情節，是不符合國民黨中央黨部的政策。三位演員中，江明在《養鴨人家》中出現過，馮海和王戎都是沒露過面的新人」。

李行拍《婉君表妹》、《啞女情深》，兩部戲的成功，造成瓊瑤電影一窩蜂開拍，國聯李翰祥拍《菟絲花》、《幾度夕陽紅》，邵氏拍《寒煙翠》、《船》，香港獨立製片王引來台拍《煙雨濛濛》。

六〇年代的中影，是以龍頭的角色帶動台灣製片方向，使得海外的獨立製片紛紛來台灣開拍新戲，也使得國語片蓬勃發展，像仿《蚵女》的《鹽女》，這些獨立製片拍片態度不夠嚴謹，只會一味跟著潮流走，哪些戲賣座，就跟拍哪些戲，觀眾對獨立製片一下子就失去信心，所謂的票房保證也就成了票房毒藥。當時民間搶購瓊瑤小說改編拍片，瓊瑤來不及寫新小說，看中影買去的《六個夢》只用了兩個短篇，還有五個沒動靜，就急著來問中影，還要不要拍，如果不要，她想買回去。龔弘和中影董事長胡健中商量後，告訴她，都不要了，送還給你。瓊瑤好高興，又轉賣出去，結果後來幾部戲都拍得很粗糙，也不賣座。李行說：「因為別人拍戲，沒有中影、國聯那麼講究，瓊瑤旋風來得急也去得快。」只不過這第一波瓊瑤旋風倒捧紅了幾位明星，像柯俊雄、王戎因此崛起影壇，以《養鴨人家》和《蚵女》走紅的唐寶雲和王莫愁則紅上加紅。

一九六八年，李行第二度創業，這次不是父兄出資，而是和電影界的好友共同成立「大眾電影公司」，兄弟班底式的成員包括胡成鼎、蔡東華、陳汝霖、劉登善、白景瑞、張永祥、賴成英、林贊庭以及李行，董事長為胡成鼎，蔡東華任總經理，創業片為白景瑞導演的喜劇《今天不回家》，起用白景瑞為中影導的《新娘與我》的原班人馬，推出後大賣座，為大眾電影公司創造了一個好的開始。

《彩雲飛》捧紅甄珍、鄧光榮情侶檔

製作嚴謹的《秋決》之後，李行拍了部輕鬆小品《風從那裡來》，不但影評評價

《婉君表妹》和《啞女情深》兩片的成功掀起了第一波瓊瑤風潮。上圖為二表哥王戎與表妹唐寶雲示愛劇照。下為《啞女情深》啞妻王莫愁與飾演女兒的伊娜的劇照。

一九七三年，李行執導的《彩雲飛》捧紅了鄧光榮。鄧光榮和甄珍成為最佳銀幕情侶，再度掀起了第二波的瓊瑤旋風。

不高，也把香港興發影業公司的老闆賠慘了。之後李行和張永祥看到女學生的故事受歡迎，有人向他們推薦，何不拍瓊瑤的《窗外》，是女學生的故事。於是李行去找瓊瑤，那時瓊瑤熱已經冷下來了，有人願意再用她的小說改編電影，她當然很高興，但是當年崔小萍導演的《窗外》，演母親的演員，把母親演成後母似的，傷害了她們母女的感情，過了這麼多年才好不容易修復，再加上《窗外》的版權合約有問題，所以瓊瑤建議李行改拍她另一部小說《彩雲飛》。這部戲的版權在嘉禾公司，當時嘉禾正致力拍攝李小龍的拳腳動作片，短期內不會再拍文藝片，聽說李行要拍，就大方地把版權讓出。

李行選了甄珍、鄧光榮來演《彩雲飛》，票房長紅，捧出了這一對銀幕情侶檔，也掀起了第二波的瓊瑤旋風，在第一波瓊瑤旋風中只是配角的甄珍，這時成了詮釋瓊瑤電影的最佳女主角，同時也開啟了七〇年代台灣電影的「二秦二林」時代，其中除了林青霞無緣合作外，秦漢、秦祥林、林鳳嬌都經過導演李行的打造，才散發出巨星的光芒。而且這一次瓊瑤很小心處理自己的小說電影版權，她曾說：「很多人拍我的小說，但只有李行是我的小說的最佳詮釋者。」所以從《彩雲飛》之後，李行一連拍了六部瓊瑤小說改編的電影。

秦漢棄演，造就另一「秦」──秦祥林

《彩雲飛》等愛情文藝片接連造成賣座盛況，一掃李行之前幾部片不賣的霉氣，港台片商爭相邀請李行拍戲，讓李行應接不暇，而且李行一向奉行不軋戲原則，他說自己是那種「飯要一碗一碗吃」的人，仍然堅持不亂接戲。

這時大眾公司也進行改組，由白景瑞任董事長，李行任總經理，開始大量拍片，先請宋存壽導於梨華小說改編的《母親三十歲》，李行則續拍瓊瑤電影《心有千千結》。

李行導這部瓊瑤的戲原本是要沿用甄珍、鄧光榮的組合，但鄧光榮到美國拍他自己的動作片，最佳銀幕情侶少了一角，李行本打算起用秦漢。秦漢原是國聯的基本演員，還沒拍到戲，國聯就倒了，於是到台視以康凱的藝名演電視劇，自從演了宋存壽的《母親三十歲》，秦漢開始走紅，李行認為秦漢是很有潛力的演員，準備大力栽培他，但是當時秦漢已答應要到香港演嚴沁小說改編的《晨星》，也是宋存壽導演的，其實宋導的戲開拍日期未定，換作別人，有機會演李導的戲，一定忙不迭先答應了再說，李行就說：「這也可見秦漢是個重然諾、守信的人，如果不是他執意要等宋存壽的戲，就不會有秦祥林這一『秦』冒出來了。」

正巧這時候香港電懋公司結束，身為電懋基本演員的秦祥林正閒著，當時他雖是演

秦祥林因演了李行執導的《心有千千結》一砲而紅，開啟了文藝愛情片的二秦二林時代。

員，但還沒有代表作，所以不算是當紅的一線明星。他和成龍是同一個經紀人陳自強，加上甄珍的母親章老太為了促成女兒的戲早日開拍，從中穿針引線，把秦祥林介紹給李行。

章老太向李導提起：「導演，鄧光榮跑到美國去了，暫時不會回來，秦漢又沒空，這個片子不能不拍啊，我們甄珍把檔期都空下來了，用秦祥林好了。」另一方面，她又給香港的陳自強通風報信，說李行的新戲男主角還沒定。

陳自強就打電話給李行說：「導演，你最近開拍什麼新戲？」

李行說：「《心有千千結》的男主角還空在那兒，我找不到人哪。」陳自強就順水推舟：「那我這兒現成有人，你為什麼不用啊？」李行問：「誰啊？」「秦祥林啊，他現在有空，你要拍，他明天搭飛機就到台北。」李行感慨：「這就是機運，要是沒拍《心有千千結》，秦祥林會不會有今天的成績，還很難說呢。」

拍瓊瑤的電影，雖然讓李行在票房上頗有斬獲，但他不願自己被定型在這一類的愛情電影上。他拍瓊瑤電影，都是別人建議他，他才去找小說來看，瓊瑤的三廳電影（客廳、餐廳、咖啡廳），不食人間煙火的夢幻劇情，李行雖能理解卻不是很認同，同時他和張永祥編劇那種自己找題材的拍戲方式，才是李行認為實現理想的途徑。所以在拍瓊瑤作品的同時，他也拍了《婚姻大事》這一類健康寫實的片子。

《婚姻大事》是響應蔣經國總統所提倡的「人才下鄉」，他以台南七股鹽田為背景，還是用秦祥林和甄珍，挾著《心有千千結》片大賣的餘威，《婚姻大事》也是賣座長紅，讓秦祥林的明星氣勢又向上提升了一大步。李行雖然沒再用過秦祥林，但秦祥林開始揮灑自如，開啟了「二林二秦」的時代。同時，《婚姻大事》這部片卻是歐威的最後遺作，一消一長之間，人生的際遇，不勝唏噓。

屈居配角，秦漢接下柯俊雄的主角地位

秦漢錯過了《心有千千結》，也給了秦祥林崛起的機會，李行接著拍《海鷗飛處》時，老闆馬奕盛堅持男主角用回鄧光榮，他認為甄珍和鄧光榮這對銀幕情侶才是最佳組合，而秦漢卻在這部戲中演個配角。

片中有一對歐氏兄弟，哥哥歐世澈由謝賢演，是個斯文壞蛋，片中甄珍是嫁給他，還有個弟弟歐世浩和鄧美芳配對。這個配角原先是由梁修身飾演，李行看他外型不錯就用了他，當時梁修身在影壇才剛起步，可是第一天發通告，他就遲到，這在李行導演，是犯了最忌諱的事，於是當下決定換人。

和秦漢家是世交的謝家孝在這時適時推薦了秦漢，他問李行：「現在缺一個人演謝賢的弟弟，要不要找秦漢？那個沒演你的《心有千千結》的秦漢。」

當初李行找秦漢演《心有千千結》片時，就對秦漢說：「宋導的戲何時開拍還不一定，你先拍我的，拍完了再去拍《晨星》不遲。」秦漢不信，說宋導很快要開拍了，果然被李行言中，《晨星》直到《心有千千結》後製快完成了才開拍。謝家孝又說：「如果秦漢答應拍你的戲在先，你會喜歡他先拍完別人的戲再來拍你的嗎？他這麼守信用是好事啊。」這話說得李行無法反駁，便說：「如果他願意演配角，那就讓他來演吧。」

「你也是寂寞，我也是寂寞⋯⋯」，甄珍在《海鷗飛處》中自彈自唱，唱出她怨艾鬱悶的心聲。

秦漢後來回憶這段經過時自己也說：「當時我是沒得選擇，因為李導不計前嫌，肯再用我，我也不敢先問有多少錢、演什麼角色、有多少戲，連問都不問，一口就答應演了。」演了以後才發現這角色還真是配角，但是秦漢如果沒有演這個配角，李行也不會在接下來的《海韻》中起用他。

《海韻》中胡燕妮、蕭芳芳、柯俊雄、秦漢雙生雙旦演出，這部戲中秦漢的戲就很吃重，重要到柯俊雄都吃味了。有一場戲，是演兄弟柯、秦兩人對峙，面對面，你瞪我，我瞪你，誰也不讓誰。試戲的時候，兩人瞪了一下，就交待過去了，到了正式來，兩人一瞪上就堅持不下，瞪的時間早超過導演要求的，兩人互瞪的目光中流露出「你想怎樣，你想怎樣」的意思，那場戲非常成功，戲味十足。

李行事後開柯俊雄玩笑：「你們試戲時都沒那麼認真，為什麼正式來時，你直瞪著秦漢不肯放呢，是不是你心裡想，『你這小子，李導培養你來接我的棒，來搶我的飯碗』，是不是啊？」

果然《海韻》之後，李導的電影除了《浪花》、《唐山過台灣》，再也看不見柯俊雄了，都是秦漢演男主角，從《碧雲天》、《汪洋中的一條船》、《原鄉人》……一路下去，《海韻》一片宣告，「二秦二林」的時代正式來臨。

小白幫李行守著女友防兵變

李行在電影工作上有許多合作多年的搭檔，如編劇張永祥、攝影師賴成英，演員也都儘量是習慣合作的演員，像秦漢從《海韻》一路合作到《原鄉人》，中間只有《小城故事》因為秦漢去夏威夷拍片，才換了阿B鍾鎮濤，但在電影事業上和李行一起並肩作戰的，那種革命情感誰也濃不過白景瑞。

李行和他暱稱「小白」的白景瑞將近半世紀的情誼，早在就讀師院時就開始了。白景瑞和李行的女友王為瑾同期，小白唸藝術系，王為瑾讀體育系，「我大三時他們大一，我導演話劇白景瑞也演過主角，如《火燭小心》裡他就演一個糟老頭子。我一九五二年畢業去當兵，就交代白景瑞幫我看好女友，別讓人給追跑了，所以他和史地系的劉芳剛輪流，每天晚上吃過晚飯就陪著為瑾去散步、吃清冰，有人追為瑾，他二人就趕緊寫信告訴我」。

李行服完兵役，從師院附中實習結束，想進中影不得其門，就進《自立晚報》跑影劇文教新聞，等到李行離開報社去演舞台劇，留下來的記者空缺就是白景瑞接下，之後白景瑞就到義大利去學電影。

一九六三年，李行為中影拍《蚵女》時，白景瑞從義大利學成歸國了，運用他所學的電影方面的新觀念和技術來幫《蚵女》的忙。本來台製廠廠長龍芳要白景瑞去台製廠，因為龍芳是他的老長官，當年白景瑞在國防部康樂總隊工作過，龍芳就是康樂總隊的總隊長。李行聽小白說要去台製廠，就把白景瑞罵了一頓：「我在中影，你不來中影，去那裡幹嘛，台製廠很少拍劇情片的。」於是白景瑞就跟著李行進中影工作。

白景瑞不但是李行事業上的好夥伴，在李行服役期間，更幫李行守著王為瑾。

小白最想拍像紀錄片的劇情片

白景瑞一心一意想拍電影，總經理龔弘問他有什麼構想，白景瑞說了一段自己最想拍的類似紀錄片的劇情片《台北之晨》，不需任何交代，直接切入台北的早晨，全片沒有一句對白，就是用清晨掃街的清潔工人、賣醬菜的推車叮叮噹噹敲過、圓山頂上有人在打太極拳、路邊樹林下有人練拳有人遛鳥、學生們背書包上學……等等，李行覺得這個構想很好，不過可能太過理想主義吧，一直沒拍成，後來白景瑞在《喜怒哀樂》拍〈喜〉一段時，就把這個構想實現了一部份，不用一句對白，僅用演員的表演、音效來說故事。

紀錄片沒拍成，白景瑞幫著剪接《蚵女》，不久龔弘就任命白景瑞為製片部經理，李行覺得龔弘可能是發現小白沒實務經驗容易流於空談，就讓他做製片部經理，學習實務操作。第一部戲先與李嘉、李行合導《還我河山》，第二部戲才讓小白獨當一面導《寂寞的十七歲》。

一九六九年，李行拍歌唱片《群星會》，白景瑞拍《家在台北》，把孟瑤小說《飛燕去來》的素材一分為二，一魚兩吃。書中描寫歌女的生活，李行再加上搜集來的故事，包括報紙上寫的姚蘇蓉嫁給士官長受虐的情節，由左艷蓉演歌星姚蘇蓉的角色，崔福生演那個士官長先生，社會新聞事件搬上銀幕炒熱話題，加上攝影棚搬到當時熱門的歌廳七重天實地拍攝，佈景華麗、歌曲動聽，創造了賣座的條件，這部戲和白景瑞的《家在台北》票房都很好。

相對的，李翰祥來台灣發展的國聯公司經營不善，財務情況不好，於是李行、白景瑞、胡金銓結合李翰祥四大導演合拍了《喜怒哀樂》，義助李翰祥還債。當時因為兩人都在中影，幸好連中影老總龔弘都支持他們，不但讓他二人留職停薪，而且除了李翰祥的〈樂〉在國聯片廠搭景，胡金銓的〈怒〉在北投中製廠搭景，其他兩段〈喜〉、〈哀〉都在中影贊助下在中影片廠搭景。

四大名導合拍《喜怒哀樂》

由於每個人都只承擔四分之一的成敗，所以都勇於嘗試，等於是四大名導同台競技，像李行就很佩服李翰祥在國聯的小片廠搭出很精緻的佈景，「李翰祥不愧是學美術的，窄小的空間，利用強迫透視的原理，水車、小河都拍出景深，後來我拍《秋決》，就學李翰祥，用強迫透視的原理搭建了有景深的牢獄外的大環境」。

《喜怒哀樂》叫好叫座，雖然也有批評的雜音，譬如業界就有人說，李行和白景瑞自抬身價，也湊上去自稱四大名導，但這些雜音並沒有影響到李行，他記得《秋決》在香港上映時，李翰祥在首映的九龍旺角新華戲院門口焦急地張望，就怕首映票房不好，眼看開映時間接近了，他乾脆衝到售票口，從口袋裡掏出一把鈔票，把剩下的電影票全買了，這也是李行願意不拿錢義助好友的原因。這部片不僅空前，也是絕後，幾個導演合拍固然可能，但義助已成絕響，後來李翰祥一九九六年底在北京心臟病發過世、胡金銓一九九七年初到台北動心臟手術去世，同年底白景瑞又傳出惡耗，李行聽到白景瑞的惡耗，第一個反應是，「現在只剩下我一個人『哀』了」。

《喜怒哀樂》這部由四大導演合作的四段式劇情片，不只是代表這四位導演之間跨越金錢的動人情誼，更代表他們所屬的中影、國聯和聯邦，所創造的台港星馬電影工業及市場的運作及結合。

國聯李翰祥，讓中影在競爭中成長

李行他們義助李翰祥拍這部戲，不收取導演酬勞，票房收入讓李翰祥解決國聯部份的債務問題。李翰祥為香港邵氏拍攝的黃梅調電影《梁山伯與祝英台》，演得街談巷聞，不僅風靡華人世界，創造賣座紀錄，掀起黃梅調電影風潮，也在當年的金馬獎上大有斬獲，囊括最佳影片、最佳導演、最佳女主角（樂蒂）、最佳演員特別獎（凌波）及

《喜怒哀樂》中〈哀〉的劇照。片中歐威的造型和《秋決》的裴剛頗為神似，大家都說是為李行《秋決》暖身之作。

音樂、剪輯等多項技術獎項，因此李翰祥被挖角來台灣成立國聯電影公司，幕後老闆有四個，新加坡、馬來西亞的國泰機構、香港的電懋、台灣的聯邦及龍芳主政的台製。李行認為國聯的成立，對港台的電影事業有關鍵性的影響，「當時是天時、地利、人和，如果當時中影沒有龔弘，而民間沒有三地結合把李翰祥挖來組成國聯的話，六〇年代的台灣電影也不會發展得那麼快，國聯成立，讓中影不再是一家獨大，有了競爭對象，就非得開創新局了」。

國聯成立，除了和邵氏分食黃梅調的電影市場，搶拍《七仙女》、《狀元及第》等片外，和中影也在各種不同類型的影片上較勁，國聯拍歷史題材《西施》，中影就拍《還我河山》；中影拍《婉君表妹》、《啞女情深》，國聯就拍《菟絲花》、《幾度夕陽紅》；國聯有黃梅調電影，中影就拿健康寫實的《蚵女》、《養鴨人家》來對抗……在中影、國聯競爭之下，讓港台電影蓬勃發展。

更重要的是，因此為中影開啟了海外市場，也就是為台灣電影開啟了海外市場。

李行說：「本來中影沒有海外市場，國聯來台，也帶來新的市場，新加坡的光藝公司，來台買下中影所有影片，然後在新加坡闢專屬院線上演，打開了星馬市場，加上大陸正值文革，香港左派公司暫停製片，給了台灣電影極好的拓展市場的機會。當時只要開出導演、演員名字及故事內容，海外資金就匯入開拍影片，雖然也有許多影片不賣座，讓老闆賠得鼻青臉腫，不過和八〇年代後期電影業的低迷情況比起來，那真是黃金時代。」

國聯不過五年好光景，後來因政治、財務諸多因素糾葛，宣告結束，幕後老闆另起爐灶，而李翰祥也黯然返回香港，結束了他的影業生涯中的「台灣時期」。

二度創業——大眾電影公司

李行第一次自組「自立電影公司」，是在三度申請進中影被拒之後，由父兄出資成立，拍了《兩相好》、《街頭巷尾》兩部影片，也由於《街》的成功，得到中影新任老總的賞識，開始和中影無合約卻合作多年的工作關係。第二次籌組「大眾電影公司」，也和中影有關。

李行說：「龔弘在中影九年多時間，他組成編劇小組，叫『藍海小組』，張永祥、蘇光勳、董炎良等都是基本成員，他越做越有信心，主導編劇之外，自己也躍躍欲試想當導演，慢慢的我們在理念上有了差距，因此中影的幾位工作夥伴如製片部經理胡成鼎、攝影師賴成英、林贊庭，還有白景瑞和我，就出來自組電影公司，那是一九六八年，胡成鼎當董事長，從日本東京把蔡東華挖回來當總經理，創業作由白景瑞打頭陣，拍了《今天不回家》，甄珍、王戎主演，是中影賣座喜劇《新娘與我》的原班人馬，當然賣座也很好，為『大眾』奠下了良好基礎。」

李行第一次創業，是父兄行有餘力支持，當時社會其實充斥著苦悶的低氣壓，那些跟著老總統來台灣的外省人，感覺歸鄉遙遙無期，在這裡又無家無業，如何生活下去？李行覺得藝術要反映現實，也要鼓舞人心，不能太悲觀，要給大家一些希望，如果沒有父兄的投資，就沒有未來李行的發展，也沒有六〇年代健康寫實的台灣電影。而第二次創業，這些「大眾」的夥伴們，都是在中影的環境中成長，等於中影以它的設備、環境和資金培植了這群人，但是因與老東家的理念漸漸有了距離，於是另闢戰場，當時李行在內的這些人，已經累積了許多拍片經驗，海內外人脈也很豐沛，所以「大眾」公司是一群凝聚眾人智慧、經驗的組合。

「大眾」靠《今天不回家》等片賺了錢之後，就投資拍大戲《秋決》。一九七六年，原來的創業夥伴胡成鼎等人離開「大眾」，另外成立公司，「大眾」進行改組，由白景瑞擔任董事長，李行當總經理。「大眾電影公司」十週年紀念作是《小城故事》，在這部電影裡，李行又以他獨到的眼光，開發歌手阿B的演戲天份，琢磨鍾鎮濤成為一顆閃亮的電影明星。

胡成鼎等人為何離開「大眾」，李行至今都不知道拆夥的真正原因，也許就是覺得有點累了吧。李行和白景瑞接手「大眾」後，自己可以作主了，於是由李行帶領年輕一代的導演，如屠忠訓、楊家雲、陳坤厚等人，讓他們茁長成熟。

在錄製大眾電影公司的創業作《今天不回家》電影主題曲時，公司的合作夥伴齊聚重慶北路葉和鳴錄音室。左起側面低頭者為蔡東華，白景瑞，李行，右後站者為張永祥，右下為陳汝霖，以左手撫臉者為胡成鼎。

《小城故事》是大眾電影公司創業十週年紀念作，不但屢獲大獎，票房收入也十分可觀。

李導只會用錢，拍電影賺不了錢

「大眾」原來的成員胡成鼎、蔡東華等人是有行銷經驗的，所以那個階段的「大眾」像《秋決》等片都是自己發行，等到拆夥之後，李行和白景瑞都不懂發行，於是把影片交給聯邦公司及江文雄發行。

李行的長子顯一把這種情況看在眼裡，他覺得父親做的事是花錢的工作，一筆資金進來，從編劇、演員、燈光師、攝影師、剪接師等技術人員，然後佈景、道具、前製、後製，這些錢在製片過程裡花掉了，導演只領固定的導演費，等到片子拍好了，行銷出去公開放映，錢賺進來了，卻是在發行公司的手上。不像中影，有基本導演、基本演員，技術人員，器材設備，還有自己上映電影的院線，海外有發行市場，這種一貫作業的電影公司才能賺錢。

顯一曾經跟媽媽說：「你們送我到美國來學電腦，我覺得我已成長了，應該來幫爸爸的忙，爸爸這一生只會用錢，不會把錢回收到自己手上，一個完整的電影公司應該從製片到發行都掌握在自己手上，大眾公司培植了很多編導、演員，但是錢在哪裡？到處跟人伸手要錢拍片，等到影片完成賣座了，賺的錢都不是自己的。」顯一後來成立發行公司，就是為了彌補父親的不足，也想多賺點錢給父親拍片，他雖然並不認同父親這把年紀還在拍片，覺得父親的成就夠了應該可以休息，不要再那麼辛苦籌錢拍片，可是他也知道父親想拍《跪在火邊的石板上》是為了對兩位亡友歐威和謝家孝交待，想完成這個心願。

顯一對父親創業的「大眾」公司的看法是很準確的，而他的這片孝心在他過世後，李行才由大哥口中得知。

「大眾電影公司」自一九六八到一九八二年共製作了十七部影片，其中除了一部《廿二屆世界少年棒球賽》的紀錄片之外，其他的劇情片都是延續中影公司健康寫實的電影風格，公司橫跨整個七〇年代，是七〇年代愛情文藝類型影片非常重要的出品公司，而且公司在這個階段培養出來的年輕一代電影工作者，如陳坤厚是大眾的攝影師，也在「大眾公司」執導他個人的第一部電影《天涼好個秋》；又如曾擔任過李行場記的侯孝賢，也是「大眾」出品的《早安台北》、《天涼好個秋》等影片的編劇，他二人在八〇年代台灣新電影中都是重要的導演。

《秋決》讓張永祥修改十一次劇本

在李行拍過那麼多部電影中，《秋決》是很特別的一部，這個題材是民間街談巷議、耳熟能詳的傳說，是母親用來教育子女最佳的床邊故事，也是取自中國人道精神的素材，而這部電影從醞釀到完成，經歷了十多年時間。李行的亡友漫畫家王小痴曾說過：「大約是一九六〇年，我和李行在當時新生戲院二樓的凱莉餐廳喝咖啡聊天，李行就談起他有拍這樣一部戲的構想，只不過這麼一個高格調的題材，拍好之後，有沒有人看，他沒把握。」

不久，李行就把這個構想和大哥子弋商量，大哥鼓勵他去做，認為這是一個對中國人別具意義的故事，於是李行約姚鳳磐在博愛路的美而廉餐廳，討論故事架構。前後幾次，有時李子弋、王小痴也參與討論，都不知幾易其稿了，但是李行仍然不滿意，後來李行開始為中影拍片，從《養鴨人家》一路下來，《秋決》就先擱下，一擱就是十年過去了，編劇也從姚鳳磐換成和李行合作愉快、很有默契的張永祥。

一九七一年，李行已經離開中影，成立了「大眾公司」，李行向「大眾公司」同仁提議拍攝《秋決》，找了張永祥，和一些文化界的友人像康白、簡志信、謝家孝、劉一民、劉芳剛還有大哥子弋、四弟子繼等人一起討論，集思廣益，大家提供意見，再由張永祥根據大家的意見去架構故事和劇本。張永祥編好初稿，給大家看了，又再討論、又再修改，據說張永祥總共修改了十一次，張永祥自己也說：「《秋決》這個劇本我寫得最慘，擬了五個大綱，長達九個月，關在梨山閉門寫作，光為了裴剛的『悟』，就折騰了幾十遍，後來我覺『悟』了，乾脆請導演先把我『秋決』了，才總算定稿。」

那年元宵節的家庭聚會，李行拿著張永祥第十二次完成的劇本，交給李子弋，請大哥給他意見，李行說：「張永祥說他『張郎才盡』了，如果我再不滿意，他也無能為力。」李子弋在床邊連夜看完劇本，也提供了幾點意見給李行，包括「秋決是中國法治的精神，以秋天肅殺、收斂，蘊涵著下一個春天生命的再生。中國文化的傳統精神，在於『生生不息』，所以秋決應有三條主軸，第一，與生俱來本質上『道欲並存』的人性可塑性；第二，刑罰教化『刑期無刑』的矯正性，自我反省，悔改重於刑罰的懲治；第三，中國傳統女性的犧牲奉獻與柔順婦德，所彰顯的無私的愛，會開啟人性至善之門」。

有了大哥打的這個強心針，李行就能堅持進行下去，後來歷經柯俊雄和歐威的主角競爭事件，終於訂下由歐威主演。雖然李行一開始就傾向找歐威，仍然不敢一開始就決定，因為之前歐威從未當過男主角，用了他，票房沒把握，所以最終起用歐威是一個很大膽的決定，後來歐威得了金馬獎最佳男主角，《中國時報》的影評稱譽他為「中國的三船敏郎」，這都只是後見之明，總算給李行精準的眼光還了一個公道。但是李行說：「大家看到歐威演的《秋決》，都說幸好沒用柯俊雄；反過來說，如果看到的是柯俊雄演的《秋決》，大家也會說幸好沒用歐威。這兩個演員都是好演員，只是歐威志在必得的決心勝於柯俊雄，柯俊雄欠缺自信心，輸給了歐威。」

六 台灣「新」電影

從《彩雲飛》之後，李行拍了六部瓊瑤小說改編的電影，每部戲都有不錯的票房，拍第五部電影是《浪花》，這部戲描寫代溝問題和三個不同家庭背景的戀愛故事，演員表現不錯，內容探觸社會現實，其實是瓊瑤作品中藝術性較高的一部戲，但是為拍這部戲，李行在版權和演員方面都和瓊瑤有些不同意見。開拍後不久，突然收到瓊瑤委託律師寄來的存證信函，表示《浪花》的版權期限已過，不能繼續拍攝。真正的是是非非原因，李行不願再提，最後再付一次版權費了事，而《浪花》也就在這種不太愉快的合作氣氛下拍攝完成。

一九七七年瓊瑤便自組電影公司拍片，作品版權也不再出讓，於是李行在拍完第六部電影《風鈴．風鈴》之後，便和編劇張永祥創作比瓊瑤還瓊瑤的浪漫愛情片《白花飄雪花飄》，跟瓊瑤自製的《月朦朧鳥朦朧》相抗衡，雖然有瓊瑤小說的傳奇和浮華虛無風格，但卻沒有瓊瑤小說那種吸引觀眾的衝擊性，加上沒有瓊瑤這塊金字招牌，於是這部片票房慘淡，影評反應也不佳，可以說是李行作品中比較失敗的一部。這部影片也就此終結了李行的瓊瑤時代。

再創鄉土寫實電影新高峰

前面提過，李行自己不是一個喜歡風花雪月浪漫的人，之所以一再拍瓊瑤的作品，一方面是認為電影脫離不了群眾（「大眾電影公司」的名稱就是一例），一方面也是覺得自己能把瓊瑤的故事說好，《白花飄雪花飄》的失利，讓李行又回到鄉土寫實的拍片路線，先是中影的大戲《汪洋中的一條船》，然後是捧紅阿B的《小城故事》、《原鄉人》以及《唐山過台灣》。

《汪洋中的一條船》是一個在台灣家喻戶曉的真實故事，敘述一個殘疾青年奮勵自強卻也精彩燦爛的生命歷程。鄭豐喜出生雙腿殘疾，險遭拋棄，幸而爺爺與二嬸等人的疼愛與庇護，終於能夠從艱難的困境中成長起來。為完成中學學業，鄭豐喜到處打工，他以一篇〈汪洋中的一條船〉參加徵文比賽，引起了社會很大的迴響，許多人表示願意資助他完成學業，但是他卻不願過於依賴他人，只接受專家徐錦章替他裝了義肢，讓他能站起來。鄭豐喜終於不負眾望考上了中興大學法律系，並繼續撰寫《汪洋中的一條船》，大學時，和同學吳繼釗相戀。吳父吳母雖欽佩豐喜的奮鬥精神卻不願將女兒嫁給他，幾經周折，鄭豐喜終於與吳繼釗結為連理。婚後鄭豐喜與吳繼釗生活幸福美滿，育有兩女。三十一歲時鄭豐喜因癌症不治辭世，留給世人一段自強不息的感人故事。

鄭豐喜的故事在這本書出版時就已經轟動台灣社會，除了他的奮鬥故事和坎坷遭遇感人之外，也很適合台灣七〇年代末日漸衰落的國際地位，書中一再強調他「人助自助」、「跌倒再爬起來」的人生觀，對當時的國人、特別是青年人有相當的鼓舞作用。這本書出版時原名《汪洋中的破船》，鄭豐喜認為雙腿殘障的自己就像一艘破船，在大海中獨自航行。後來他獲得十大傑出青年，在接受表揚時，當時擔任行政院長的蔣經國先生認為，鄭豐喜殘而不廢，奮發向上的精神，值得年輕人效法，因此就對書名提出建議，指「破船」兩個字可以斟酌，鄭豐喜身後書再版時，吳繼釗就採用了經國先生的建議，改為《汪洋中的一條船》。

中影歷來最賣座的電影

鄭豐喜生前，青年導演林清介就已經把他的自傳改編成電影劇本，此事鄭豐喜也樂觀其成，並且得到新聞局的優良劇本獎。鄭豐喜英年早逝，讓這題材更加熱門。於是林清介向中影遞出劇本審核，一心想把好友生平搬上銀幕。可惜中影製片部認為林清介的劇本「焦點集中在鄭豐喜一人的奮鬥故事，對白不夠生活化，一些重要情節如和吳繼釗的戀愛、考上大學、當選十傑等關鍵過於簡略」而打了回票。後來當中影決定拍攝這部大片，找李行來執導，李行曾找林清介商量修改劇本，但原本想自編自導的林清介已經讓出導演職位了，堅決不同意再修改劇本，李行也只好找張永祥重新編劇。

為了這部大戲，不僅李行為回饋中影，義務擔任導演，就連秦漢、林鳳嬌都為了爭取演出不計較片酬。電影推出後造成了空前轟動，高居當年中外影片賣座之首，更囊括當年金馬獎最佳劇情片、最佳導演、最佳男主角等六項大獎。林清介拍攝《汪洋中的一條船》的導演夢，在二十年後（二〇〇〇年），在李行的鼓勵下，改編成二十集的電視劇於公共電視台播出，也為當年《汪》劇鬧劇本雙包的事件劃下圓滿句點。

李行導的《汪》成了中影歷來最賣座的電影，開拍時中影總經理是梅長齡，拍到一半換明驥當總經理，片子大賣後，明驥為答謝李行，送了十萬元獎金給李行，之後李行接著拍「大眾公司」創業十週年紀念作《小城故事》，明驥又讓出中影戲院院線元宵節檔期給李行的《小城故事》。

李行記得：「當時院線的國片檔期是由中影和龍祥輪流做，那年輪到龍祥上春節檔，元宵檔歸中影，中影本來排了康白導的《神捕》，明驥把該片抽下來，把檔期讓給了我。雖然拍《汪》片沒拿酬勞，但《小城故事》有了元宵節大檔期才能大賣，可以說失之東隅、收之桑榆。」

歌手阿B變成演員鍾鎮濤

早就有朋友跟李行導演推薦過阿B，但是電影這行業很多人要吃這行飯，僧多粥少，專職演員通常要不斷在導演身旁跑腿，說不定過很久很久導演才會想到他。有的演員陪導演打麻將打了很多年，才討到一個小角色演，李行他們早年跟著唐紹華就是這麼一回事。次要演員如此，而男女主角則固定是那幾位，像李行先是用柯俊雄，後來是鄧光榮、秦祥林、秦漢，沒機會找阿B合作。正當準備籌拍《小城故事》時，秦漢去夏威夷拍片，秦祥林又在忙別的戲，李行就想到了阿B。

當時阿B是香港熱門樂團溫拿五虎的成員，一個長頭髮拿電吉他的新潮歌手，來演一個土里土氣的在地年輕人，會合適嗎？大家都這麼懷疑，但李行不管，他認為總要試試，一方面給阿B一個機會，一方面自己也想有新的合作演員。於是打電話給朋友姜中平，他是阿B父親的好友，讓他通知阿B到台北來。阿B馬上趕到台灣來見李行，一見面李導就告訴他：「要剃頭，捨得嗎？」阿B的反應是：「沒問題，導演怎麼說我怎麼做。」

於是李行馬上通知媒體，《小城故事》的男主角已經定了，是阿B，而且阿B馬上要剃去一頭長髮。記者會現場，阿B剪去長髮、換上戲服，改頭換面的阿B居然也有

留著長髮的都會流行歌手阿B，為了《小城故事》剪去長髮，改頭換面呈現鄉土的一面。因此《小城故事》也捧紅阿B鍾鎮濤。

七、八分鄉土味。這樣的造勢記者會新聞一發出去，各界的反應都不錯，為了找鍾鎮濤演，李行也把劇本做了調整，改成是服刑期滿的年輕人。

李行和秦漢、歐威、柯俊雄之間都是友誼關係，朋友之間的信諾比一紙合約更有約束力，阿B是唯一和「大眾公司」簽約的基本演員，合約的條件之一是，阿B改用本名鍾鎮濤，把新潮流行的「阿B」留給溫拿五虎，李行導演大力提拔的男主角是新人「鍾鎮濤」。合約簽兩年，一年四部戲，共拍了八部戲，包括《早安台北》、《又見春天》、《龍的傳人》等。

等到拍《原鄉人》，雖然和鍾鎮濤還在合約內，但李行又找回秦漢來演，為此阿B很不諒解，但李導認為，阿B同時還在拍其他導演的戲，而且文人氣質的鍾理和，還是秦漢適合演。

《原鄉人》與台灣新浪潮

《原鄉人》和《汪洋中的一條船》一樣是傳記電影，但是《原鄉人》難度要高多了，因為鄭豐喜的奮鬥故事很有戲劇性，一個殘障青年的愛情故事本身就有衝突點，而《原鄉人》的主角是文人，文人的藝術成就與創作精神都是平面的，很難立體呈現，不過拍過許多賣座商業片的李行，擅長將藝術和商業巧妙融合，《汪洋中的一條船》大

鍾肇政（右二）和鍾鐵民（左一）常到《原鄉人》拍攝現場探班，與導演李行和飾演鍾理和的秦漢合影。

賣，和電影中加重秦漢、林鳳嬌的愛情戲有很大關聯。於是《原鄉人》中也有一些戲劇張力十足的場面，像鍾理和、鍾平妹私奔到東北，即使生活困頓，也不給污辱中國婦女的日本人坐他開的出租車、不為高薪去當日本人翻譯、鍾平妹為了家計去搬運盜砍的木材、在烈日下幫忙收割鳳梨等情節，表現出客家女人刻苦耐勞的精神，都是賺觀眾眼淚的橋段。

《原鄉人》可說是李行電影意念和創作方法成熟的一部戲，他選擇拍鍾理和的故事，是受到鍾理和傳奇悲劇一生的震撼，及作品中充滿敦厚、諒解、無奈的情緒所感染，李行說：「拍這部戲對我來說是一種挑戰，因為鍾理和一生所顯示的意義是很難具體表達的，那種『原鄉』的執著精神更是不容易用故事說出來。」

拍《原鄉人》的年代，一九八〇，正是香港新浪潮及台灣新電影崛起的階段，過兩年，李行和胡金銓、白景瑞合拍三段式電影《大輪迴》，正好中影也找侯孝賢、曾壯祥及萬仁拍三段式的《兒子的大玩偶》，看起來很像是老少電影導演對決及新舊世代交替。

對於新電影的風潮，李行認為：「新電影不是從石頭裡蹦出來的，它也是時代的產物，是經由早期的電影轉化、演變過來的，不能因為肯定新人的創意，鼓勵新人出頭，就把過去的歷史一筆抹煞，就把舊人的努力成績看得一文不值。」李行很贊同日本名影

一九九七年十二月，日本著名電影評論家佐藤忠男在日本舉辦「台灣電影回顧展」，李行出席參與。佐藤肯定李行傳承中國三〇、四〇年代寫實電影風格。

評人佐藤忠男的作法，他在九〇年代開始有計畫推介台灣電影，先引介台灣新電影，讓日本觀眾先認識這些在國際影展中具知名度的導演作品，對台灣電影有了初步了解和興趣後，再回過頭來介紹台灣老電影及李行這一輩的資深導演，接著在一九九七年十二月起，透過日本社團的協助，在福岡、東京，半年間持續辦理「台灣電影回顧展」，展出二十部電影，其中李行作品有五部，李行認為，像佐藤這樣策略性地推介台灣電影是成功的，「這樣全面而完整的介紹，才能讓人了解台灣電影幾十年來，是如何一路走過來的」。

李行的電影裡始終有明星

李行的電影和八〇年代初期崛起的新銳導演們，有一個很大的分別，那就是不管電影類型是哪一種，片中始終有明星，《養鴨人家》的唐寶雲、《啞女情深》的王莫愁、柯俊雄，就連主題嚴正的《秋決》都有歐威、唐寶雲，第二波瓊瑤電影熱潮更捧出鄧光榮、甄珍、秦漢、秦祥林、林鳳嬌，此外還把新潮的港星阿B改造成鄉土明星鍾鎮濤。這些明星和李行的電影互相拉抬，吸引觀眾走入戲院看電影，台灣電影有五十年的好光景，如今看來，李行這一代導演的這種眼光是正確的。

反觀新銳導演，演員明星的光芒逐漸被遮蔽，大量起用不像明星的演員，即使是明星，在電影中樣子也絕不會光鮮亮麗。這時，吸引觀眾買票入場的是導演敘事的手法及故事內容，這樣的轉變，已經預示台灣電影從普羅大眾轉為菁英小眾的趨勢了，再走到後來，就是李導演所說，觀眾全面流失，好萊塢電影佔領市場，國片沒落蕭條的景況了。

李行不是沒有看到台灣的電影在變，他在一九八五年擔任「天下影業公司」的製片人，支持張毅執導白先勇小說改編的《玉卿嫂》，也說明李行肯定新導演的詮釋方式，只是和「天下影業」的合作未能圓滿，而他的導演事業在一九八七年的《唐山過台灣》

之後，就暫時劃下句點。

「天下影業公司」的成立，是一個很難得的組合，大家的理想和企圖心也很高，合作的人有新聲院線的老闆周信雄、國際發行張雨田，他曾投資李行拍《貞節牌坊》，票房失利後沒有半句怨言，還對李行說：「你很努力拍片，觀眾不來看，不是你的責任。」由此和李行成為好友；另一位是《聯合報》資深記者蕭菁，自從為白景瑞《第六個夢》做宣傳，就離開《聯合報》，專門做電影宣傳；加上不僅是導演，且有製片經驗的李行，這四個人的黃金組合，業界都十分看好。第一部創業片是要拍但漢章引薦、他自任導演，白先勇原著改編的《玉卿嫂》。

可惜在改編過程中，白先勇和但漢章理念南轅北轍，每次開編劇會議，兩人就抬槓，李行也側面向其他編劇小組的人求證，他們說一個是原著、一個是導演，各持己見，旁人插不上手。白先勇就對李行說，看是要他賠錢，把版權買回來，還是「天下」可以同意換導演，總之他堅持無法和但漢章合作。

當時「天下影業」有很多拍片計畫，剛從美國回來的王小棣也提了計畫，李行自己買了王文興《家變》的版權，準備等《玉卿嫂》拍完，就親自來執導《家變》，因但漢章和白先勇的理念不合，後來但漢章自己也覺得並不適合執導，於是李行把《家變》讓給但漢章執導，另找張毅執導《玉卿嫂》巧妙地把這件事掩飾過去。如此一來，周信雄、張雨田、蕭菁等人都向李行抗議，說他們不懂製片，但是質疑原著作者可以有這麼大的權力決定換導演嗎？他們三位這麼一來，興趣都沒了，也導致「天下影業」只拍了一部片就結束了。

「天下影業」這麼好的組合，這麼大的計畫，就此劃下句點固然十分可惜，李行也跟周、張等人說，不然繼續投資李行本人好了，他還要拍《家變》呢！不過他們仍然決意退出電影製片事業，於是李行另找建華影業公司的周劍光出資，他是瞻前顧後的人，等到拖了半年以上，終於下定決心要投資了，結果《家變》的版權到期，拍片計畫只得終止，《唐山過台灣》也就成了李行最後一部電影。

台灣開拓史重要一章——《唐山過台灣》

《唐山過台灣》是一部國產政策片，很典型地透過電影來傳達政府的施政理念，包括讓國人體認先民開發台灣的歷史過程，還有宣揚開拓精神、詮釋團結建設的真諦，但在以處理人性見長的李行執導之下，畫面優美柔和、具親和力、場面經營生動，有超出政令宣導影片的成績。

台灣省電影製片廠在廖祥雄擔任廠長時，就進行籌拍大型歷史劇《唐山過台灣》的工作，一九八五年筆名魯稚子的影評人饒曉明出任廠長後，國民黨文工會決定和省政府

《唐山過台灣》是台灣電影史上工程最浩大的影片，講述吳沙由唐山渡海來台拓墾蘭陽平原的故事。

合作，以相對出資的方式，讓這部大片早日完成，於是饒曉明上任後，就找製片部門主管開會，決定邀請李行導演來掌舵。

《唐》劇可能是台灣電影史上製作工程最浩大的一部。劇情描述漳州府人吳沙，率領鄉親渡海來台，在現今蘭陽平原一帶，從事耕墾開拓，這是一個成功的移民故事，也是台灣開拓史上的重要一章。拍這部片，第一個要解決的問題就是主景，李行和台製廠的工作人員密集討論後，決定在台中霧峰台製廠後山，闢建一條清朝古淡水街道，全長一百卌二公尺，以真材實料搭建了廿八間店鋪、住家、茶館、酒店、客棧、寺廟等，這處主景在戲拍完後就成為台灣電影文化城遊樂區的主要部份。

其次是吳沙開拓宜蘭，在現在頭圍一帶開荒闢土的場景，這必須有一大片荒山野地作為外景。李行原本想到宜蘭實地勘景，如果能在宜蘭找到合適的場景，那就意義重大。可惜當時宜蘭也已經很都市化了，找不到合適的荒地，後來在花蓮壽豐鄉附近找到

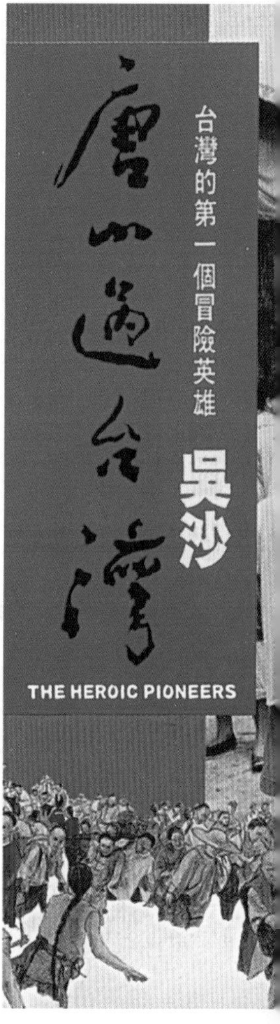

二公頃多的土地搭設外景，在這塊空地上陸續搭建了城牆、茅屋、街道、涼亭、店鋪等，又是一項大手筆的外搭景投資。

《唐》劇籌備花了很多時間，正式開拍更是困難重重，先是從香港買的一艘大型古船運到高雄港轉駛台中港途中翻覆，後來外景開拍在花蓮又逢梅雨、又是地震，片子拍拍停停，進度非常緩慢，眼看颱風季節又要來了，每天的製片費用，開支浩繁，就連經歷過各種克難艱苦拍片工作的李行，都面臨重大考驗。《唐》片在驚濤駭浪中終於殺青了，最後代表先民不畏艱難和命運搏鬥渡海來台那艘古船，是以在台製廠的棚內搭建船艙和模型相間拍攝完成。

《唐》劇正式上映後，好評不斷，獲得多項金馬獎，並被評選代表我國參賽一九八七年奧斯卡金像獎外語片獎，李行告別導演生涯的最後一役，終於是以光榮的勝利落幕。

大戲拍完了，李行和台製廠的命運牽扯還沒落幕，台製廠後來改制為台灣電影文化公司，一九九六年李行擔任台影董事長，計畫將台影改制為民營公司，不料卻遇上一九九九年九二一的百年大地震，民營化的生機毀於一旦，台影走入歷史，結束了五十四年影業歲月。

跪在火邊的石板上

李行拍完他電影生涯中的重要里程碑《秋決》之後，他一方面進行《秋決》的宣傳工作，一方面心裡已經在盤算下一部戲。

曾在《徵信新聞報》（《中國時報》前身）跑影劇新聞、而和李行相熟的友人謝家孝，寫了一部長篇小說《跪在火邊的石板上》，他在看了《秋決》這部戲後，深受感動，認為李行是可以把他的作品完整再現的導演，於是決定把他的小說交給李行。這是一個「放下屠刀，立地成佛」的故事，情節很簡單，男主角是一個無惡不作的江洋大盜，後來因為悔悟而到一間寺廟，要求主持為他剃度，但被老和尚拒絕趕出廟門，他便跪在寺廟大門前石板上，長跪三天三夜不起，前塵往事歷歷在前，現實中跪在石板上的江洋大盜，以及他一生的回顧，交錯進行著。這樣一個劇情簡單卻意涵深遠的故事，最重要的關鍵就在導演和男主角，李行對這部戲深感興趣，願意籌拍，他和原作者謝家孝一致同意歐威是男主角的最佳人選，也問了歐威的意思，這部片可能是繼《秋決》後，影壇又一部重要作品，歐威當然想演。

李行到香港為《秋決》宣傳，在香港中文大學、浸會書院和大學生座談，會後學生問道：「中國電影的未來在哪？」李行很自負的回答說：「請看《秋決》。」又被問到下一部要拍什麼戲時，李行就透露了下一部戲是《跪在火燙的石板上》。

那時香港《東方日報》的老闆馬奕盛在看過《秋決》後深受感動，出身重視孝道家庭的馬老闆，認為這部電影太有教化力量了，對於導演李行也十分禮遇，全程陪著他出席香港各地的宣傳活動，還叫他的員工幫忙張貼海報，希望這麼好的電影在香港能賣座，讓更多人受到其中的教化力量影響。馬老闆一九七四年成立「馬氏影業公司」就是委託李行負責製片、發行業務。

可惜這部新戲在男主角歐威因病去世後，不得不停擺，一擱就是三十幾年。歐威的形象太鮮明，要找到一個能取代歐威的男演員實在不容易，九〇年代後大陸開始改革開放，馬老闆跟李行建議可以到大陸去選演員，他還對「年代」的邱復生說，你要支持李行拍這部戲。邱復生也當一回事，找了李行要他趕快去籌備，說馬先生提過很多次了。當時李行忙於金馬獎和兩岸交流，而且當時沒有創作的衝動，一句「我現在想為中國電影做點事，等大環境好一點再來拍」，這部戲又擱下了。

一個未了的心願

原著作者謝家孝曾不耐煩地問李行：「你還要我『跪』等多久？」因此他自己也努力著想完成這個夢想，只是客觀情況是，歐威過世、電影停擺、謝家孝全家移民到美國，轉換跑道在《少年中國晨報》工作。在離把小說拍成電影越來越遠的處境中，謝家孝仍不放棄這件事，他也曾把自己改編的劇本拿去參加新聞局優良劇本的徵稿，可惜沒入選。直到公共電視台成立，王曉祥擔任公視籌委會祕書長，把謝家孝找回台灣來幫忙，謝家孝又和台灣的影視界搭上線，似乎籌拍《跪》劇又有了一線生機。

他在公視的工作，主要是約製作人談節目，某天和製作人孫樹培談節目談到下午四、五點，送走孫樹培回到自己座位上坐著休息，沒一會兒就撲伏在辦公桌上，送醫急救，終因心臟血管剝離不治。

謝家孝過世後，在他的宿舍找到劇本原稿，謝家孝的太太託人交給李行，希望李行有一天能完成謝家孝的心願。拍這部戲從此成為李行未了的工作，他到哪兒都帶著這個未了的理想。一方面李行有生之年還想創作，一方面也為了追念歐威、謝家孝兩個已過世的亡友，完成三個人的心願。

這些年間，李行曾經試圖尋求跨國資金的合作，春暉公司的陳俊榮也幫著努力促成，之後陳俊榮自己公司也發生財務危機，這件事更是不了了之。

李行的家人認為李行年近八十，何必再想拍片的事，就讓它成為一生未完成的遺憾吧。

七　李行和他的男演員

作為電影大師一個要件，就是擅於調教演員，演員在戲中的表現和導演的訓練與要求有很大關係，而李行導演在電影界更是出了名的嚴師，經他調教過的演員，往往能點石成金，所以很多想出人頭地的演員都爭著要演李導的戲，例如向來不守時的柯俊雄，經過著名的「關燈事件」後，成了準時的好演員；又如沒有演戲經驗的林鳳嬌，經李行教導，成了出色的演技派演員；還有鄧光榮、阿B成為國語片的熱門紅星，也得力於李行的訓練。不過在這些合作過的男演員中，李行最欣賞的是柯俊雄和歐威。

歐威和柯俊雄他二人私底下感情很好，像兄弟一般，吃喝玩樂都在一起。兩人都嚮往當軍人，常常到國防部中製廠看拍軍教片，久了和中製廠的廠長梅長齡相熟，就邀他倆參加演出軍教片，二人特別喜歡演空軍，穿上空軍制服，過過當空軍的乾癮。而歐威當時住在西寧南路一家小旅社裡，大家都只知道他家在台南，不知道他的家庭狀況，像是成家沒有、有沒有小孩等。

影帝小生從場務工人做起

柯俊雄的成名也是因緣際會。

李行記得和柯俊雄初次見面的情況。

當時李行拍完《街頭巷尾》，正在籌備他最後一部台語片《新妻鏡》，是新和興影業公司老闆林溪濱投資，女主角是白蘭，男主角是陳揚，都是當時台語片的當紅明星。透過《新》片的副導演李至善介紹，當時剛從高雄北上打天下的柯俊雄就來試鏡，年輕時的柯俊雄長得像日本影星寶田明，試鏡後效果很好，李行就決定用柯俊雄當第二男主角。不料這時台語片的紅星矮仔財向新和興的老闆推薦藝名陽明的蔡揚名來演這個角色，柯俊雄那時沒沒無名，而陽明已經演過好幾部電影了，加上矮仔財的有力推薦，柯俊雄到手的角色就飛了。

製片詹錫藩負責解決這個問題，他對柯俊雄說，現在戲要開拍了，演員得自備服裝，問他有沒有西裝。柯俊雄說有，可惜在當鋪裡，得先借錢去當鋪贖回。製片當然沒有先借錢給演員的道理，這等於回絕了柯俊雄，李行回憶道：「我看柯俊雄眼淚汪汪，好不容易得來的機會，就這樣丟了。但他還不死心，找李至善想辦法，說他來跟戲好不好，我看他怪可憐的，一個人來台北打天下，就要製片給他找個事做。」詹錫藩就說讓他當場務工人好了，做做抬機器、抬軌道等粗活，沒想到柯俊雄倒也能屈能伸，不避鄙事。以後在拍戲片場，柯俊雄每天看著蔡揚名演著本來是他的角色，自己也在一旁背台詞，唸唸有詞。後來有一場酒家的戲，李行就跟副導說：「讓他也演個角色吧，演個陪陳揚上酒家的酒客，也唸幾句台詞，叫他找一套西裝準備著。」柯俊雄跟李至善說：「我要有西裝不就演第二男主角了。」後來還是陳揚借他西裝。

到了拍片現場，柯俊雄早早穿好西裝等在一邊，正巧那天攝影師陳玉帛有個朋友來片場參觀，攝影師一時興起，要朋友上場客串酒客過過拍戲的癮，一回頭見柯俊雄穿了西裝坐在一旁，他不曉得個中原委，就上前對柯俊雄說：「你這做工的，穿什麼西裝，脫下來給我朋友穿。」柯俊雄坐在那兒，氣得直瞪著攝影師，很想上前給那攝影師一拳，可又敢怒不敢言，忍著這口氣。

這是未成名前的柯俊雄，後來香港電懋公司在台灣招考演員，錄取了男女各一位演員，女生是陳曼玲，男生就是柯俊雄，準備到香港發展的柯俊雄臨出境前才被發現還沒服兵役，出不了境，在報紙上鬧了很大的新聞，也把柯俊雄的名氣哄抬了起來，加上當時台語片需要演員，他主演的第一部戲是邵羅輝導演的《義犬救主》，一砲而紅。

柯俊雄（畫面最上者）在台語文藝片《新妻鏡》開鏡前，被陽明（後排左二）頂替了原定演出的第二男主角，他仍不氣餒，甘願從場務工人做起。

台語片當紅小生改演國語片

李行加入中影公司成為專屬導演之後，便想為中影培植專屬演員，開拍新戲《啞女情深》就是一個時間點。之前的《婉君表妹》三位男主角是王戎、江明和馮海，原本《啞》劇也在這三位男演員中考慮，只是《啞》劇的女主角已選定個子高大的王莫愁，王莫愁那時剛生完小孩，身材還沒完全恢復，前三人配唐寶雲演《婉君表妹》還可以，跟王莫愁配就顯得太年輕，所以李行要李至善去找柯俊雄。

當時柯俊雄已經是台語片的當家小生，但台語片的製片規模和預算都不如國語片，當紅如柯俊雄也想有機會轉來演國語片，於是，定裝、試鏡，柯俊雄的表現都不錯，李行決定用他，只有一個問題要解決，那就是柯俊雄的軋戲問題。

在演藝環境還不成熟時，有戲演的演員總想趁當紅時多拍幾部戲，而戲老闆或導演也想用知名的演員以保障戲的賣座，所以當紅的演員同時軋幾部戲是很普遍的現象，但李行是絕不允許主要演員軋戲的，他對柯俊雄說：「你現在手上有好幾部台語片，《啞》片開拍還有兩三個星期，你儘快在開拍前了斷手上的戲，我的電影是不能軋戲的，你若辦不到，我另外找人演。」柯俊雄當場允諾，一定在這兩三個禮拜內把手上的戲殺青。李行很了解柯俊雄，知道他是從來不嫌戲多，也不會嫌錢多的，新戲開拍前還叮嚀他，問他手上的戲拍完沒，柯俊雄不住地說「完了，完了，沒有問題」，結果卻是一面把舊戲殺青，一面又接新戲。

影史上著名的關燈事件

李行導戲是很有規律的，大多是發八點的通告，也就是八點時攝影機架好了，開始要打光、試戲，演員的粧也要化好，所以演員要提早到，如果女主角化個粧要兩個小時，那麼王莫愁就得六點到。拍李導演的戲沒人敢遲到，而忙著軋戲的柯俊雄居然遲到了，原因是他手上的戲還沒趕完，還在沒日沒夜地趕，拍夜班拍到天亮，再往《啞》片的片場趕，有時拍攝不順收工收得晚，他就遲到了。

第一次遲到，第二次又遲到，李行讓副導先代他走位試戲，等柯俊雄來了，問他：「你不是拍完了嗎，到底還有多久拍完？」柯俊雄還睜眼說瞎話：「導演，拍完了，拍完了，我今天是睡過頭了。」其實李行側面了解，柯俊雄還有部戲沒殺青，也正在趕，李行決定他若是再遲到，就要給他來個下馬威。

第三天早晨，柯俊雄果然又遲到了，七點化粧時間他沒到，八點攝影機架好了，開始打光、走位，試好戲了，他還是沒到，一直到十點三刻，李導演開工快三個小時了，才見柯俊雄硬著頭皮一臉尷尬陪笑著走進來。

原來他十點不到就到了，想到今天可遲個大到了，他不敢進片場，先去找中影製片廠副廠長胡成鼎要他幫忙說情，說他今天終於把戲趕完了，可以全心全意拍《啞》片，胡成鼎要他自己去面對李導演，這個忙可是誰也幫不上。柯俊雄糾纏半天沒有結果，只好自己硬著頭皮走進片場。當時李行坐在導演椅上，燈關著，大家都在聊天，沒有要開工的打算，柯俊雄站到李行邊上喊著：「導演，我來了。」李導演當然曉得他來了，但就是不看他，對著場務領班說：「老范，開燈。」

燈光在場務領班的喊聲中全部亮起，然後老范扯開嗓子喊：「導演宣佈，因為演員柯俊雄遲到兩小時五十二分三十秒，導演宣佈今天收工。」

這時李導演開口了：「關燈。」

剎那間燈全關了，柯俊雄站在李行旁邊，李行起身拿著劇本和分鏡表，從他面前走過去，看都沒看他一眼。場務工人忙著抬機器，把導演椅收起來，演員也去化粧間卸粧，沒人理柯俊雄，他站在那兒足足有一個小時，動也不敢動，從此以後，柯俊雄再也不曾遲到，甚至比許多演員都準時。

這就是台灣電影史上有名的「關燈事件」。

入戲的柯俊雄

在李行眼中，柯俊雄是個好演員，除了老天爺賞飯吃的天份之外，柯俊雄自身的努力，李導演也看在眼裡。《啞女情深》的最後一場戲是拍雪景，雪景戲的這場佈景都是留到最後再拍，因為佈景加上人工雪就不能再還原了。

這幕戲是男主角聽到啞妻過世的消息後，在冬天下雪的夜晚，坐在炭爐旁讀啞妻留給他的遺書，啞巴女兒依偎在他身旁。李導演如此說戲：「我的鏡頭先從屋外看著下雪的夜景，然後慢慢推進到房子裡一盞油燈下、燒著火的炭盆旁，男主角坐在那兒看啞妻留給他的遺書。這段戲要一個鏡頭完成，一鏡到底，從一個遠景到一個特寫。開始唸遺書時，攝影機的升降機慢慢降下來，慢慢推進，進到屋子裡，從門縫裡慢慢推進去，推到男主角跟前，最後是一個大特寫，從這個鏡頭裡要看到男主角眼裡含著淚……這場戲要一氣呵成。」

演這種內心戲對一個好演員來說也許並不難，這場戲難在當時實際是七月酷暑盛夏，戲裡的男主角要穿棉袍、戴絨帽，還圍一條長圍巾，面前炭盆裡的炭火是真的，而攝影棚裡沒有冷氣，還有幾十萬瓦光打下來，這場景光想就一身汗了，但最後那個特寫鏡頭，演男主角的柯俊雄的臉上不能有一滴汗。

柯俊雄之所以成功，本身的努力和導演的提攜，是重要關鍵。圖為李行指導柯俊雄演戲。

試戲、打光時，柯俊雄都光著膀子穿著汗衫試戲，等到光打得差不多了，攝影機的推進路線也走熟了，準備正式來。這場戲光看柯俊雄一個人表演的，他演的好就一次OK，演不好就一再NG，於是他對李導說：「我要穿著戲服來試戲，這樣每次試，導演可以正式拍，也可以不拍，拍完如果滿意的話就算OK。」於是李行每次試戲都開機，一次一次來，機器停下來時，李行走近看柯俊雄臉上有沒有汗，結果沒汗，於是李導喊OK，可是柯俊雄還不滿意，他說：「導演，再給我一次機會。」於是再來一次，前一次導演喊OK時，大家已鼓掌叫好了，再來一次，果然比先前更好，最後李導看完鏡頭裡的畫面，再去看他本人，臉上真的是一點汗都沒有，而且眼眶含著淚。

於是李導真喊：「OK！」這時柯俊雄緊繃的情緒才放鬆下來，衣服一脫下來，大家才發現裡頭整件棉袍都濕透了，他能夠把所有汗水、熱度都隱藏起來，可以說，柯俊雄的演技真是爐火純青了。

拍完《啞女情深》，李行緊接著又用柯俊雄拍了《貞節牌坊》，電影雖不賣座，但戲非常好，柯俊雄在國語片的紅小生地位，就此奠定。

歐威、柯俊雄喝酒鬧事，還是李行去當保人

歐威的從影之路就沒有柯俊雄那麼戲劇性，也沒有柯俊雄幸運。他和柯俊雄常在

一九七一年，李行偕同柯俊雄、張美瑤、歐威到香港為他們主演的新片《愛情一二三》宣傳。

一起演戲，都是柯俊雄演主角，歐威演壞人。歐威演戲很投入，不是劇本拿來就演，會反覆揣摹，對自我要求也很嚴。缺點就是喜歡喝酒，和柯俊雄兩人常常收了工，就去喝酒，有時喝酒鬧事，被抓到警察局，還是李行去保他們出來，幫他們繳罰款。

柯俊雄後來和張美瑤談戀愛，談得轟轟烈烈，柯俊雄的個性較隨興，經常三更半夜還糾纏著張美瑤，而美瑤第二天一早有通告要拍戲，天天如此，精神上受不了，張美瑤就曾夜裡打電話給李行，請他勸柯俊雄離開她，這段戀情她談得很痛苦。

另一方面柯家人也不贊成，因為張美瑤比柯俊雄要大上幾歲，柯俊雄的父親對娶「某大姐」並不滿意，而且覺得兒子的演藝事業正要起飛，兵役問題也在這時候要解決，加上感覺柯和張交往之後運氣不太好，於是柯父寫了一封信給李行，要他趁柯俊雄去當兵時，讓兩人分手，李行收到這封信之後，把柯父找去，說了他一頓，說是張美瑤

李行在片場是嚴師，私下也極關心演員的生活。柯俊雄服役期間，李行一家人陪同張美瑤前往新竹關東橋「勞軍」。圖為柯俊雄和李行長子顯一合影。

的名氣比柯俊雄大太多了，多少公子哥兒想娶她，她和柯俊雄在一起是柯俊雄高攀了，此後柯父才接納了張美瑤，趁柯俊雄當兵的時候，會主動邀張美瑤到家裡去，彼此增加了解。

柯俊雄和張美瑤結婚是由「大眾電影公司」承辦，在中泰賓館宴客，婚禮要正式開始時，司儀問李行可以開始了嗎？李行要司儀再等等。他拉了歐威作見證，把新人拉到一旁休息室，當著一對新人的面，對新郎柯俊雄說：「你現在後悔還來得及，走出這道門，美瑤就是你的妻子，今後你要好好待她。」柯俊雄承諾會對張美瑤好。李行在婚禮上，還對歐威說：「接下來就該你成家了。」

《秋決》男主角之爭

歐威的第一部戲是華興製片廠的《血戰噍吧哖》，本名黃煌基的歐威在戲中的角色就叫歐威，於是就用這個名字當藝名，他的外型很像當時美國當紅的小生詹姆斯狄恩，帥氣而有幾分叛逆。

歐威第一次演中影的戲是李嘉導的黑白片《黑夜到天明》，這部戲讓李行注意到歐威這個演員，拍《養鴨人家》時就找歐威演劇中一個反派角色，第一次合作就讓李行感覺到歐威的天份與努力。接著拍《喜怒哀樂》的〈哀〉就是為《秋決》暖身，為歐威造型，籌拍《秋決》時，李行心中早有數，要讓歐威演主角。

大眾電影公司的同事問李行：「你到底要用誰演裴剛（《秋決》男主角劇中名）？我們曉得你的私心，你要用歐威，但其他很多演員也想爭取演這個角色，你應該給大家一個公平競爭的機會。」於是李行就從善如流，選了柯俊雄、王戎、武家麒和歐威四個人來，定粧、試鏡，再由大眾公司的重要幹部大家坐下來看看要選誰。試鏡時，王戎就跟武家麒說：「我們兩人是來陪榜的，事實上李導演想從歐威和柯俊雄中選一個啦。」

王戎這話說得沒錯，最後只剩柯、歐二人，看造型各有優點，柯俊雄雖然以前沒拍過古裝戲，可是定裝下來，他的古裝扮相也很出色，這讓李行一時無法決定，只好使出拖字訣。

李行回想當時：「繼續拖下去，對我，對『大眾公司』的股東們，對私誼很好的柯、歐二人，都是很為難的事。當時在中影棚內的佈景搭好了，拍完景瑞的《第六個夢》後就結婚赴美的唐寶雲也從美國回來，等了快三個月，中影佈景佔棚費不得了，搭景論天計算是一個價，搭好了不拍又是一個價錢，拖越久花越多錢，最後只好推給劇本，說是劇本還沒好。」

其實經過李行和編劇張永祥多次討論，劇本已經完成，這個劇本也是張永祥改得最多、創作過程最冗長、最難產的一個劇本，光大綱和劇本就寫了很多次，張永祥大概花了將近一年時間創作這個劇本。

柯俊雄和歐威那時都很紅，找他們拍戲的人很多，有人找歐威拍戲，歐威就說：「不行，我要等著演李導演的《秋決》，如果他決定不用我，我再拍你的戲，你若能等就等，不能等就另請高明。」這是歐威的態度。可柯俊雄就不同了，柯俊雄心裡想：「李導拖著不開拍，是故意的，試探看看我有沒有耐性，他根本私心就要給歐威演，張美瑤跟歐威拍〈哀〉時，就是為《秋決》造型。」柯俊雄會這樣想，因為他看到《秋決》男主角的造型一如歐威演〈哀〉劇的造型，他等不及，就怕兩頭落空，那多不划算，於是乾脆多接幾部戲。等李行曉得柯俊雄接下好幾部戲，而且也已經開拍了，就找劇務下通告給他，說要開拍《秋決》了，找他來演男主角。

柯俊雄一聽急了，去找李行商量，可是接了別人的戲又不能不拍，《秋決》的主角終於定下了，由歐威擔任，柯俊雄和「裴剛」擦身而過，心中十分懊惱，他和歐威經此事種下心結，就此漸漸疏遠。

歐威之死

李行和自己的工作班底相處久了，都發展出和家人一樣的深厚情誼，幫柯俊雄辦完和張美瑤的婚事，李行對歐威說，接下來就該輪到辦你的喜事了。等到歐威病情非常嚴

《秋決》是大眾電影公司籌拍的大戲，四位當紅男星，爭當主角，為了公平起見，四人皆定粧，試鏡。其實武家麒、王戎明知是陪榜，事實上是柯歐兩人之爭。由上而下：武家麒、王戎、柯俊雄、歐威。

重時，他謎樣的身世才一點一點透露出來。

原來歐威在台南老早有家室，一直沒有懷孕生子，是因為黃家三代單傳，而本名黃煌基的歐威曾經算過命，算命先生說當他兒子出生，也就是歐威的死期，因為有這樣的說法，歐威雖然結婚，卻在要不要有孩子這件事上掙扎，黃家不能在歐威這裡絕了後，可是又擔心算命師的鐵口直斷。過了幾年後，生了個女兒，一方面失望，一方面也鬆了口氣。又過四、五年，太太又懷孕，歐威當時腎病已經很嚴重。

歐威最後一次隨李行去香港，那時身體狀況很糟，張沖送歐威去機場先行搭機返台，回到飯店就對李行說：「歐威病情不輕喔，不能再這麼折騰下去。」

而歐威還想演李行的《婚姻大事》，李行認為健康更重要，於是回到台北就押著他去中心診所治病，跟護士小姐說讓他多住幾天院，身體好一點再說，李行還交待護士：「沒我的同意，不准他出院。」按照當時歐威的狀況，早點開始洗腎也許有轉機，但那個時代一般人對腎病、尿毒的嚴重性和對身體的危害都不太了解，歐威一直抗拒洗腎，怕一旦開始洗腎就是一輩子的事。

歐威還是沒聽李導的話，堅持從中心診所出院，向《婚姻大事》的劇組報到，非要演片中那個太空博士的角色。那時其實歐威的尿毒指數已經很高，人消瘦得不成形不說，還影響到腦子，常常講錯台詞，李行就覺得奇怪：「過去拍《秋決》時的歐威到哪

一九七三年十二月一日歐威過世，李行在善導寺為他舉辦告別式。當時的行政院長蔣經國輕車簡從，自行政院步行至會場致祭。

兒去了，怎麼現在演得這麼差。」

後來勉強拍完他此生最後一部影片，就回台南老家休養，李行最後一次接到歐威的電話，歐威說他決定去洗腎了。可惜為時已晚，兒子出生沒滿月，歐威就走了。其實孩子剛出世，知道生的是兒子時，算命先生的話就先打敗歐威了。

李行和白景瑞、製片陳汝霖到台南見歐威最後一面，幫他料理後事，到了他家客廳，看見歐威演《婚姻大事》的西裝就掛在牆上，口袋一摸，是《婚姻大事》的分鏡表，歐威連病入膏肓都還心心念念的是拍戲工作。

那時柯俊雄人在香港拍戲，聽說李導在歐威家，從香港打電話到歐威家要和李行說話，他在電話裡痛哭，要李行等他，他隔天一早就從香港趕回。李行在電話中把柯俊雄罵了一頓：「你生前對他好一點就好了，現在要我等你做什麼！我等歐威蓋棺後就要回台北了。你明天趕回來是你的事，那時候為了沒能演《秋決》，你怪歐威搶了你的戲，都不理他，也沒關心過他，現在歐威死了，你難過，已經太晚了。」

一個好演員，後天的努力比天份重要

柯俊雄和歐威是李行帶過的演員中對演戲最投入，最有企圖心的兩個演員，李行說：「我覺得，後天的努力比天份重要，而且一個好演員一定要在好的環境和制度下才能充份發揮。歐威若是一塊璞石，也是要在中影這個比較完善的工作環境中，才能琢磨成美玉；柯俊雄如果一直拍急就章的台語片，如何能成一代影帝！

「而且這兩人最了不起的是在表演上會自我要求，譬如拍完一個鏡頭後，他們會和導演研究，檢討這個鏡頭哪裡演得不好，希望導演給他一次重拍的機會。譬如柯俊雄演《啞》片最後一幕看遺書的戲，第一次他自己覺得中間有點閃神，最後眼眶含淚也不夠好……，他們要求重拍都不是隨便說說，而是能說出為什麼。

「他們會自我要求，也懂得導演要求，很多演員根本沒有自己構思如何演好這個角色，導演要你做什麼就跟著做，這兩個演員是真的下功夫為自己的角色分析設計過，我當然要儘量滿足他們。」

李行記得拍《秋決》時，死因裴剛腳上戴著腳鐐，通常道具組會準備鋁製較輕的腳鐐，再塗上深棕色顏料，看起來像鐵鏽笨重的模樣，演員演時只要做出腳鐐很重的感覺即可，但是歐威覺得戴著假道具演戲很不逼真，他要劇務去鐵匠店打造一付真的腳鐐，他自己付錢，他要戴著有重量的腳鐐演戲。李行某次試戲時調整裴剛的腳鐐，一拉，怎麼這麼重，才知道歐威的用心與認真，歐威的腳踝都磨破了，他能忍痛也不吭氣。

歐威一死，連帶著《跪在火燙的石板上》也因為理想中的主角沒了而停擺，一擱三十年過去了。

八 李行和他的女演員

在李導演四十多年的拍片生涯中，合作過的女演員並不算多，前面提過主要原因是李行是非常重感情的人，和他一起工作的夥伴，只要合得來，都是一直合作下去，成為一個「班底」。而在演員方面，因為李導很會磨戲，在他電影中演員的表現就是不一樣，所以即使是當紅的演員，也會以演出李導的戲作為最重要的目標，這也就是為什麼阿B一聽有機會演李行的戲立刻飛到台北來，即使要他落髮也無所謂。李行合作過的女演員中值得一提的是唐寶雲和林鳳嬌，這兩位女演員都是在李行的琢磨下發光發亮，而她們的演藝生命也是和李行的導演生涯息息相關。在李導眼中，他帶過的三位主要女演員唐寶雲、甄珍、林鳳嬌中，三位的外型各有特色，而林鳳嬌優於唐寶雲、甄珍的部份，是她的生活閱歷，因出身家中貧苦，曉得生活的艱苦，對她揣摩主角的內心變化有幫助。

要談唐寶雲，就要先了解當時中影公司的發展，早期中影擔綱的女主角就只有王莫愁和唐寶雲兩人。一九六一年中影的董事長是蔡孟堅、總經理李潔，蔡孟堅對電影有興趣，又和日本方面的關係非常好，來中影後就多方尋求和日本影界的合作，經常赴日本考察，並接洽合作事宜。在蔡孟堅的主持下，中影先和大映公司合作拍攝《釋迦傳》，雙方合作愉快後又合作拍了一部《秦始皇》，唐寶雲就在此片中演一個宮女小角色。

和日本影業合作，讓中影得到許多經驗

中影而後又和日活公司合作，拍了一部《金門灣風雲》（又名《海灣風雲》），此片的男主角是石原裕次郎，個子很高，當時的女演員沒有可以和他搭配的，加上公司政策要培植新人，所以就公開招考，王莫愁是越南僑生，在師院讀藝術系，外型不錯個子又高大，就考取了，和石原合作《金門灣風雲》一砲而紅，之後就留在中影擔任基本演員。

中影和日本影業的合作，對台灣電影是有重大意義的，因為中影在這些合作中得到許多技術方面的經驗，像《秦始皇》這種大場面的電影，有許多技術問題要克服，像拍群眾大場面的戲，臨時演員人數眾多，他們穿的服裝和手裡拿的道具，如何由副導演分組配合服裝道具，發放到演群眾的臨時演員手上；又如果是早上八點鐘的通告，那麼前置作業應在何時完成等等，台灣的電影工作者都沒這方面的經驗。而且在空曠地方拍

片，溝通也是一大問題，當時先進如日本，對講機的設備都還沒有那麼普遍，都是靠擴音喇叭和旗語來聯繫。後來拍《蚵女》一場海邊的戲，在夕陽下，蚵女們推著豐收的有風帆的蚵車回家，就是利用旗語來溝通，也是從和日本人合作的經驗中得來的。還有要拍高鏡頭時，原來都是用木柱木條竹竿搭起高架台子，攝影師和導演站上去，搖搖晃晃很危險。《真善美》的名導演羅伯懷斯在台灣取景拍攝《聖保羅砲艇》時，就有一架攝影用的升降機，李行他們學著用土法煉鋼方式做了笨重的升降機，卻也是台灣第一部電影攝影的升降機。

唐寶雲出生於湖南壽安，一九四八年隨父親部隊自廣州來台，定居於苗栗縣卓蘭鎮。一九六〇年曾報名香港電懋公司演員招考，以些微分數之差落選，隔年又參加中影所設的演員訓練班招考，在一百多人中，唐寶雲樸素的裝扮並不顯眼，但經由多位主考人員慧眼錄取，成了中影演員訓練班的學員，結訓後簽約成為中影基本演員。

唐寶雲的處女作，中日合作的《秦始皇》

她先參與中影和日本大映公司合作的《秦始皇》演出，尋求拍片經驗。一九六二年唐寶雲演出由潘壘導演的《颱風》，在片中飾演一位活潑、帶野性的山地少女，以其自然率真的表演，受到大眾的矚目，也因此片以新人之姿獲得第九屆亞洲影展最佳女配角的肯定，從此在影壇嶄露頭角。

李行在拍《兩相好》時，曾向中影借演員，第一個目標就是唐寶雲，但中影不肯出借他們準備力捧的新星，於是借了熊雪妮。李行當時覺得唐寶雲的外型端莊乖巧，就是下巴短了點，不過短得很有特色，不算是大缺點，但唐寶雲後來去美容，把下巴拉長，李行事先不知情，否則他會勸她不必如此。那時女明星去整型美容是尋常的事，唐寶雲幸好美容成功，另一位女星艾黎就沒有那麼幸運。

艾黎是李行《貞節牌坊》的女主角，李行對初合作的演員，一定要經過試鏡的過程，不管是多麼大牌的明星都得過這一關，主要是導演和攝影要找演員的最佳角度。艾黎在試鏡時，李行和賴成英私下在討論，覺得艾黎左看右看，就是鼻子大了一點，這話也只是導演和攝影師兩人之間的談話，沒想到耳朵尖的艾黎聽進去了，拍完《貞節牌坊》，艾黎就去找醫師整型美容。

當時的技術並不能把鼻子縮小，但這位醫生為了做成這生意，就說可以把臉型加大，那就不會顯得鼻子大了，這話乍聽之下似乎也是個辦法，沒想到艾黎整型之後的大臉盤不上鏡，她的演藝生命就開始走下坡，後來晚景不佳，前幾年在美國過世了。一位有潛力的女星，後半生坎坷，起因於想要美上加美，令人感嘆不已。

幸好唐寶雲動的整型美容手術是成功的。剛出道時的唐寶雲待人十分親切，處事也很周到，和李行的太太以及葛香亭一家人還有其他工作人員都處得很好，個性安靜、生活簡單，下了戲和同事們吃吃飯、聊聊天，就回宿舍休息，準備第二天的工作，不會想要去跳舞、吃宵夜等，所以李導很欣賞她。《養鴨人家》之後是《婉君表妹》，然後又開拍李嘉導演的《我女若蘭》，都由唐寶雲擔綱，唐寶雲也漸漸成為受注目的當紅明星，除了中影之外，一些獨立製片公司也來找她拍戲。

李行認為：「明星就是明星，必須具備條件，中國人的標準就是俊男美女，生活規矩不鬧緋聞、演技精湛，然後在完善的製作環境，好的劇本配合下，一部、兩部、三部戲，漸漸在觀眾心目中建立形象，一顆明星就此冉冉上升。」

當女演員成了女明星，她的感情生活就是眾人注目的焦點。唐寶雲當紅的時候，追求的人當然很多，其中一位是攝影助理史紀新。唐寶雲的第一部戲《秦始皇》，這部中日合作的電影，在台灣拍完大場面的戲之後，就回到日本攝影棚內繼續其他棚內作業，而台灣的演職員們也跟著到日本去見習拍片技術。唐寶雲和史紀新都去了，兩位年輕人在人生地不熟的異鄉，培養了感情，史紀新就成了唐寶雲愛情路上的男主角之一。另外據說唐寶雲在參加中影演員訓練班之前，是苗栗農業職業學校的學生，還沒畢業就進入中影，唐寶雲在這兒讀書時，和一位年輕的美術老師戚維義，有了似有若無的純純戀情，等到唐寶雲到中影之後，戚維義也辭了教職到台北來追求唐寶雲。

龔弘管得太緊，反把唐寶雲推向戚維義

不久，這兩位追求者都赴美深造，仍和唐寶雲保持聯絡，戚維義還不惜成本，從美國寄了一台彩色電視送給唐寶雲，不過唐寶雲並不領情，彩色電視機連箱子都沒拆就堆在儲藏室裡。唐寶雲一直住在中影宿舍，總經理龔弘的太太龔媽媽把唐寶雲當成自己女兒，呵護有加。唐寶雲在《養鴨人家》、《婉君表妹》之後大紅大紫，等於是中影之寶，所以龔媽媽常常叮嚀宿舍舍監（老演員潘潔漪）要好好照看著她。

就在這時候，發生了影響唐寶雲一生的關鍵事件。一位香港的男星到台灣來參加金馬獎，和唐寶雲一見之下，迸出愛情火花，對唐寶雲展開熱烈追求，兩人在沒有告訴任何人的情況下，跑到中部的名勝去遊山玩水。本來這兩人男未婚女未嫁，談戀愛出遊也是很正常的事，只是唐寶雲對中影實在太重要了，居然演出失蹤記，回到宿舍後，龔弘夫婦把唐寶雲狠狠訓了一頓，對她的行動也盯得更緊，剛剛萌發的戀情也就被澆熄了。

李行揣測，一向乖巧的唐寶雲，可能因此產生反抗心理，那架在儲藏室蒙塵的電視機被打開了，放在交誼廳讓大家觀看，而且唐寶雲寫信給戚維義，答應和他結婚。

絢爛很難歸於平靜，返台演《秋決》

戚維義彷彿撿到天上掉下來的禮物，欣喜若狂從美國回台結婚。那個年代，女明星最好的出路就是結婚息影，像王莫愁也在一九六四年宣佈結婚退出影壇。婚後唐寶雲隨夫赴美，感覺上好像是要息影，主要報導港台明星訊息的《東南電影》雜誌，當期就刊登了一篇〈養鴨公主做八月新娘〉的文章，文中提到：「結婚後的唐寶雲，將遠渡重洋，前往新大陸去陪伴她那尚在讀書的丈夫，所以我們將有一段時期看不到她的電影，這段時期可能很短暫，也可能很漫長，甚至是一個『永遠』，婚後有『就此歸於平淡』打算的她，讓影迷、同事和家人都十分不捨。」不過唐寶雲和李行私下約定，如果李行開拍《秋決》，她一定從紐約回來參加演出。

李行籌拍《秋決》，其中有兩個重要角色是早就定下的，一個是女主角唐寶雲，另一個就是溺愛裴剛的老奶奶由崔小萍飾演，不過等到戲開拍時，崔小萍因為白色恐怖入獄，改由傅碧輝飾演，傅碧輝演的老奶奶當然和崔小萍演的不一樣，卻也成就了一個經典的老奶奶。

《秋決》是大眾公司成立後，把白景瑞拍《今天不回家》、李嘉拍《妙極了》、張永祥拍《警告逃妻》、李行的《母與女》賺的錢，投資在這部電影上，李行的壓力很

一九七一年，唐寶雲婚後回台主演《秋決》，攝影名家顏國華拍攝明星照片，贈送影迷。

唐寶雲主演《秋決》以柔情感化死囚裴剛的蓮兒。導演李行認為是不二人選。

大，只能成功，所以一定要把唐寶雲找回來。李行說：「唐寶雲在紐約和二哥子堅有往來，我對寶雲的生活情況有點了解，她在寫給我的信上，提到她的生活型態，上午和戚維義出門去寫生，畫完畫就在路邊擺攤賣畫，洋人都很喜歡維義的畫，一下子就賣掉一張，過著愜意的藝術家的生活，語氣中似乎很享受這樣的婚姻生活。」唐寶雲退出影壇是在演完白景瑞的《第六個夢》，演藝生命如日中天，多少片商捧著錢要找她演戲，而她息影之後竟然能安於平淡？李行還有點擔心寶雲會不想回來演《秋決》，畢竟那只是兩人的口頭約定。

李行說出自己的後見之明，他認為唐寶雲若是不回來接續演藝生涯，《秋決》可以另覓要角，就像崔小萍不能演換成傅碧輝一樣，那麼或許就不會改變唐寶雲的命運。

李行完成《秋決》之後，他自我嘲諷的說他拍了一部荒唐的電影，台灣哪有西部牛仔？李行也戴上牛仔帽與歐威在墾丁《風從那裡來》拍攝現場合影。

復出影壇，唐寶雲開始不一樣的人生

唐寶雲回到電影界，《秋決》的拍片現場嚴禁閒雜人等來，但《秋決》之後，戚維義就常跟著唐寶雲到片場，幫她提化粧箱、跑腿買東西，像個小跟班，有時唐寶雲心情不好，就要他閃一邊去，加上一起演戲的柯俊雄、歐威等人，一方面對寶雲甜言蜜語，曲意承歡，一方面就在寶雲面前搧小扇子，說戚維義的壞話。兩人的夫妻感情開始起變化，唐寶雲後來不要戚維義跟到片場，兩人為此三番兩次吵架，種下離婚的因。

《秋決》之後，李導腦海中出現兩幅畫面，一是唐寶雲和一群羊，一是歐威和一群牛，這兩幅畫面到後來變成《風從那裡來》，這部西部牧場片賣座極差，也讓老闆慘賠。《秋決》、《風從那裡來》之後，唐寶雲再次大紅大紫，片約不斷，平均每年都有六、七部風格各異的影片上映，根據報導，影評人梁良曾說這個時候的她：「說得坦白一點，已變成一個賺錢機器」，因此對於唐寶雲的復出，他認為是個可惜的決定：「假

如她真的退出影壇，那麼『養鴨公主唐寶雲』在影迷心中將成為一個『永遠純真』的台灣影壇傳奇人物。」可惜，類似瓊瑤電影情節的不幸婚姻，她和戚維義漸行漸遠，終於唐寶雲提出離婚，戚維義當然不肯，鬧了很多年，戚維義才同意簽字離婚。

「作為一個明星，有你電影就能賣座之時，大家都捧著你，錢堆到你面前，可是影壇不會有永遠的明星，長江後浪推前浪，當甄珍冒出頭了，二林出來了，唐寶雲也就漸漸下去了，這是很自然的道理。可是對明星來說，從絢爛歸於平淡，恰恰也是最難調適的，唐寶雲歷經婚變，演藝事業走下坡，慢慢的精神開始出狀況」，李行從報紙上看到唐寶雲從美國回台理了個大光頭的新聞，感受到明星走下坡的難堪處境，正在唐寶雲身上漸漸發生。

七〇年代後期，關於唐寶雲婚姻、生活的負面消息時有所聞，而她有些不搭調的穿著和行為，如前述李行看到她理個大光頭出現，也越見增多。到了八〇年代，唐寶雲的精神狀況越來越不穩定，開始住進精神病房。

最後一次通電話，精神狀況不容出席金馬獎

李行最後一次和唐寶雲聯絡，是在金馬三十時，李行打算邀請她出席金馬獎頒獎典禮。那時唐寶雲住在榮總，李行先請《中國時報》資深記者宇業熒去跟她打招呼，說李

導要邀她出席金馬獎，唐寶雲很高興地應允。等到頒獎典禮接近時，李行準備自己去看她，打電話去榮總，才知道她已出院，說是要回家準備出席金馬獎，於是李行以為寶雲的狀況有改善，就打電話到她台北的家，唐寶雲親自接的電話。

李導聽到寶雲的聲音，非常開心，他說：「寶雲，你好嗎，很想念你，我打電話到醫院去找你，他們告訴我你出院了，要準備參加金馬獎。」電話那頭的唐寶雲卻說：「你是誰啊，我什麼時候說過要去參加金馬獎？」

李行又說：「宇業熒去看你的時候不是告訴你了嗎，我要邀請你出席金馬獎。」唐寶雲斷然說：「誰說我要去參加金馬獎？我不會去的，金馬獎對我來說算什麼？我沒興趣。」電話掛斷後，為了確定唐寶雲會不會出席，李行找跟唐寶雲親如姐妹的焦姣，去她家裡看她，果然證實她不會也不能出席正式頒獎典禮了。這也是李行最後一次和唐寶雲的接觸。

一九九九年唐寶雲病逝於新店耕莘醫院，曾經紅極一時的玉女明星，最後十年的光陰卻在醫院中進進出出孤單地度過，結束她令人難忘的銀海傳奇。

武打片的花瓶，潮州人力捧

曾經是二林二秦的一大要角的林鳳嬌，在當紅之時退出影壇，成為成龍不能公開的妻子，然後又為成龍生了一子，過了很多年才爭到正統龍妻的地位，至今這段龍鳳配仍是影壇津津樂道的傳奇。

林鳳嬌出身於台北市郊葫蘆島的貧寒之家，家中子女眾多，所以她十二歲中學還沒畢業就開始工作賺錢貼補家用，這段在貧寒中成長的往事，林鳳嬌並不願多談，不過也是因為她的成長背景，讓她對各種不同生活經驗的角色的體驗，比很多女星都來得細膩、深刻。

一九七二年她十九歲時以王星磊導演的《潮州怒漢》步入影壇，然後接連演了幾部武打片，但在這些武打片中，林鳳嬌的角色都只是花瓶，不可能有太多表現，也因此並未受到注目。

李行和林鳳嬌結緣，出於馬奕盛的牽線。當時李行因為《秋決》和香港《東方日報》馬老闆熟識，後來馬奕盛成立馬氏影業公司時，在台灣的製片工作就交給李行的大眾公司，而林鳳嬌演了《潮州怒漢》，雖然不受注目，但馬奕盛是潮州人，他對林鳳嬌留下了很好的印象。

林鳳嬌長相甜美，可惜身材不夠高挑

有一天，馬老闆約李行在香港半島酒店喝下午茶，半島酒店的咖啡座一直是明星、

林鳳嬌在《小城故事》影片中飾演啞女，獲得一九七九年第十六屆金馬獎最佳女主角。

影人出入的地方，在座還有香港娛樂雜誌《銀色世界》的發行人王安妮夫婦。李行先到，和馬老闆談了一會，過不久，林鳳嬌來了，還沒落座時馬老闆介紹這是林鳳嬌，馬氏影業要力捧的新人。李行就叫林鳳嬌轉頭走回去，林鳳嬌雖然不知所措，但仍然遵照指示回頭往走道另一頭走去，走了十幾步停下，李行又叫她走回來。原來李行是要看她走路的儀態，嚴格來說，李行對每一位新人，都會用這套方法讓新人來回走著。林鳳嬌長相甜美，氣質清新，李行說道：「即使沒有馬老闆交待，我也可以把林鳳嬌捧紅。」何況阿嬌也真的不負李導的寄望，很努力演好每一個角色。

李行認為，他帶出來的演員中，柯俊雄和歐威是兩位對演戲有強烈企圖心的男演員，至於女演員們，不管是唐寶雲、甄珍或林鳳嬌，她們在表演上有沒有企圖心，李行說他很難評斷，不過他把一個角色交給她們，她們都會盡心去演，尤其是阿嬌。

阿嬌演《汪洋中的一條船》吃了很多苦頭，像拍颱風天的戲，由於家人反對，吳繼釗已經下定決心不再見鄭豐喜，可是鄭豐喜住的宿舍位於低窪地區，吳繼釗自己冒險涉水去救他，颱風天的佈景是搭在攝影棚裡，不過整場戲一直泡在水中，也是很辛苦的，這部戲，演鄭豐喜童年的歐弟得了最佳童星，秦漢得了最佳男主角，就林鳳嬌沒得獎。

林鳳嬌主演《原鄉人》中的鍾平妹，操持家事，扶養兒女，盜林、扛磚、採割鳳梨等種種苦活，全心全力投入角色，卻沒得到金馬獎的肯定，造成她很大的失落感。

演出《原鄉人》吃盡苦頭卻沒得獎

接著阿嬌演李導的《小城故事》，電影中演一個啞女，不用背太多台詞，輕輕鬆鬆就得了金馬獎最佳女主角，這榮譽對她是激勵，讓她覺得自己要更努力，才能對得起這個獎。拍完《早安台北》，接下來李行執導第一代鄉土作家鍾理和的傳記片《原鄉人》，林鳳嬌演鍾理和的太太鍾平妹，林鳳嬌投入的精神很令人感動，李行回憶道：「鍾理和是個讀書人，整天讀書寫作，家中各項用度、如何維持基本生活，全靠鍾平妹去籌措，她去盜林，碗口粗的木頭扛在肩上，道具組已經把真的木頭中間挖空減輕重量，但像我這樣的大男人扛起來都很吃力了，阿嬌要扛著跑給警察追，一次不行，再來一次，肩膀都磨破了，為了演好這個角色，她真的吃了很多苦頭。」

她那麼努力演好《原鄉人》的鍾平妹，配合李導的要求，上山下海，日晒雨淋，結果連提名都沒有，對她是很大的打擊。之後她又拍李行導演的《又見春天》和《龍的傳人》，雖然阿嬌還是很認真演戲，但多少有些意興闌珊，所以她的演藝生命其實在《原鄉人》就結束了。走不出得不得獎的心結，讓她開始懷疑演戲到底是怎麼回事，卯足勁演出不受青睞，輕輕鬆鬆又得了獎，演員林鳳嬌走到了人生的一個轉捩點，正好成龍在台灣拍《龍少爺》，或許是這樣一個關鍵時刻，龍少爺進駐鳳姑娘的心扉，促成了龍鳳配。

林鳳嬌短短十多年的演藝生涯中，共拍了四十多部電影，在台灣電影史上也塑造了「二林二秦」的黃金時代，可是在她正當紅時，卻選擇和大部份的女人一樣走入家庭，往後的日子，林鳳嬌這個響噹噹的名字，頓時消聲匿跡，成了男人背後的女人，如今檢視林鳳嬌的資料，關於成龍和她的愛情婚姻的報導已經掩蓋了她在電影上的成績。

當紅女星成了男人背後的女人

李行的兒子顯一在中興地政系就讀時，曾經兼職在新光拉保險，一方面學習社會經驗，也賺點錢付學費，因為從小就和父親李行一手帶出來的演員們相熟，所以顯一找了幾位收入豐厚的演員們談保險，有的人讓顯一碰了軟釘子，有的人則是徹底幫忙，其中之一就是林鳳嬌。顯一對林鳳嬌說明他從事這個工作的緣由與想法，然後拿出一份為林鳳嬌量身打造的保險計畫書，林鳳嬌還沒聽顯一說完，毫不猶豫就直接說：「你覺得哪一個計畫對你的業績最有幫助，我就保哪一個，不必客氣，以我和你父親的關係，他等於是我的再生父母，我一定要幫你的忙。」過了一段時間，顯一才跟父親提起這件事，李行對於林鳳嬌沒有一點遲疑、毫無保留幫顯一的忙，覺得非常感動。

不過，最近李行為了《夏雪》，想向阿嬌募款，於是寫了一封信，李行說了信中大意：「從報導中知道成龍的父親過世，現在已經落葬了，請向成龍表達致哀之意，然後提到我去看他們的兒子房祖名新片《戰鼓》首演，從祖名的身上看到父母親戲劇方面的遺傳，很可期待，最後說我正在籌備舞台劇《夏雪》，這部戲就是當年我本來想拍的電影《竇娥冤》，那時你已結婚息影，我還曾問你願不願意主演這部電影，你為了保護成龍的演藝生命而沒有復出，現在我打算以舞台劇的形式呈現，如果一切順利的話，二〇〇九年元旦就會在國家劇院上演，我有事要找你，請跟我聯絡。」李行留下手機，傳真等資料，把信傳到成龍的公司。

過了二、三個星期沒有消息，李行打電話給《銀色世界》的老闆娘王安妮，託她打聽阿嬌是不是有收到這個訊息，王安妮還問李行找阿嬌什麼事，李行說了是為了舞台劇要募款，王安妮也把這個意思告訴了阿嬌的助理，請他轉達。又過了幾個星期還是沒有消息。也許林鳳嬌一直沒有收到李行找她的訊息，也許林鳳嬌不一定能幫上李行的忙，不過總得有個回應吧？李行心中十分納悶，當年那個事事周全、生性慷慨、忠厚誠摯的林鳳嬌哪裡去了？

直到二〇〇八年九月底，全球金融海嘯捲起，台灣經濟也受到影響，市場景氣低迷，募款不成，李行只得宣佈放棄二〇〇九年元旦在國家戲劇院演出的檔期，只有寄望延期到隔年李行八十歲時，能夠完成他的心願，演出這齣顛覆傳統戲曲的舞台劇《夏雪》。

卷尾／牽手走遠路

李行出身在中華文化傳統觀念很深的家庭，家庭和諧圓滿是人生的重要目標，所以李玉階毀家辦道，要上華山時，過純華變賣家產，帶著四個孩子相隨，她對夫婿說：「你到哪裡，我就到哪裡。」所以從風雲變色的上海避居到海峽相隔的台灣，也是全家人緊緊相繫，當李行認識了王為瑾時，他心裡想的是，這就是我的終身伴侶，我要和她牽手走遠路。

而對王為瑾來說，這段愛情長跑，更是辛苦。由於李行在校時忙著校內校外的舞台劇工作，在學校內很難看到他細瘦的身影，師長、同學還有王為瑾的家人，都覺得李子達不是一個好對象，至於王為瑾為何會死心塌地跟著李行，她自己也說不出所以然，王為瑾笑著說：「說不出理由，就是緣份吧。」王為瑾回想李行在鳳山當兵一年，每天都寫一封信給她，雖然只是千篇一律的當兵日記，但從未間斷亦非易事。王為瑾說自己是很保守的人，有個男孩子對她這樣，四、五年沒有變，很受感動。當李行跟她求婚時，想也沒多想，就答應了。

雖然婚前眾多閨中密友給了王為瑾許多警告，不過她並未放在心上，安安靜靜過著相夫教子的生活，結婚這麼多年，她對於李行的工作從不參與意見，印象中那麼多年只有《汪洋中的一條船》時她曾跟李行說：「這部戲太有意義了，你不拿錢也要導演這部戲。」她從來不覺得李行和女明星會有什麼牽扯，也從來沒想過這個問題，因為李行到哪兒都隨時打電話回家，她沒有這方面的困擾。一開始，她偶爾會帶著孩子去探班，尤其是李行到外地出外景，一去就是一、兩個月的，可是李行在片場很嚴厲，罵人罵得很凶，為瑾自己看了都不好意思，到後來乾脆連探班都不去。

這段婚姻在二〇〇五年八月六日已經過了金婚大喜，接著要向鑽石婚邁進，李行的約法三章早已實現，他不只照顧為瑾，其實他照顧著所有人，他的家人、王為瑾的家人，還有他的演員們、共同工作的夥伴們，都當自己人一樣照顧，類似為瑾母親的忌日，是李行先想起，安排好時間去上墳，這還是小事，像歐威、李翰祥、胡金銓、白景瑞以及最近過世的宋存壽的喪事，也都是李行一力承擔，盡心盡力善後。

李行很少把公事帶回家，也很少在家接待朋友，都在外面談，二〇〇一年之後，沒有了金馬獎執委會的辦公室，李行成立工作室，也是由於他習慣有個辦公室處理電影方面的事。他把家裡的生活空間留給家人，同樣的王為瑾也從不介入李行的事業。如同看到王為瑾第一眼，李行就認定這是他的終身伴侶，他對自己拍電影的工作也是很有主張，不是旁人可以左右的，何況王為瑾從來不想影響李行，王為瑾說：「片商捧著上百萬的現金到他面前，他不要，他要拍自己想拍的片子，有的導演太太專門接錢，雖然也有片商透過朋友關係捧著錢送到我面前，希望請李行導戲，但是我從來不做這種事，我會告訴對方我不能做主。李行是一部戲拍完才能再拍一部戲的人，所以最多一年兩部戲

一九五八年八月結婚三週年，在當時著名人像攝影徐凱倫照相館留影，時顯一僅兩歲。

一九六五年結婚十週年，在八德路空軍新生社宴請親友，李行餵嬌妻喝湯，顯現伉儷情深。

一九八五年，李行伉儷到日本東京，歡愉地過他倆結婚三十週年。

一九九五年八月六日結婚四十週年全家留影，是與獨子顯一最後一次合照，隔年二月五日顯一車禍過世。

二〇〇五年金婚紀念。

就不得了，有再多錢他也不賺。」

王為瑾眼中的李行生活簡單，不一定要用名牌，但很注重衣服的配色，這也許是藝術家的品味吧。王為瑾說：「李行性子很急，所以我說他在拍片現場脾氣很大，不過他和我若是發了脾氣，轉頭就忘了，有時我們兩個意見不合有了爭吵，我還在嘔氣，他已經像個沒事人似的。他很不考究吃，很好伺候，他家的規矩，男人不進廚房，我弄什麼，他就吃什麼，但吃完飯他會幫忙洗碗，有時也會幫忙做家事。李行原本煙癮很重，抽煙抽得很凶，手指都薰黃了，結婚後一年，某天夜裡煙癮犯了，那時便利商店還不多，沒有地方買煙，他在地上撿煙蒂抽，突然覺得自己真窩囊，真沒出息！於是說戒就戒，這也可以看出他是個很有毅力的人。他七十歲時回到西安尋根，到了華山，還爬到他們當年兒時居住的地方，那裡山勢陡峭，要拉著鐵鍊一直往上爬，我在山下看了都覺得害怕，而他上去又下來了，這還不打緊，他居然說，八十歲還要再上華山。」

「不只是上華山的宏願，他這個年紀了，還要做事，我和女兒都勸他，享享清福吧，但他一個劇本改了很多年，終於改到滿意了，回到家裡喜孜孜地告訴我，他還要導一齣顛覆傳統的舞台劇《夏雪》，我也不好潑他冷水。」王為瑾看到近八十歲的人，還在為他的理想四處奔走，求爺爺告奶奶地募款，心中十分不忍，然後看到他什麼都弄好了，劇本、佈景、音樂、演員、場地，只欠東風——經費，牽手五十幾年的王為瑾幫不上忙，只能鼓勵他，在一旁默默為他加油打氣。

二〇〇九年，原訂元旦上演的《夏雪》延擱了！哪一天，《夏雪》登場時，王為瑾一定會坐在台下，做一個忠實的觀眾，永遠而持續地為導演李行喝采。

李行七十歲重遊華山，面對崇峻的山勢，絲毫不以為意，帶頭一口氣攻頂，並許下八十歲重遊的宏願。

一九八四年一月，顯一結婚當天，全家合影（上圖）。一九九一年，李行去洛杉磯探親，又留下全家福（下圖）。李行伉儷牽手走遠路，只可惜獨子顯一不能相隨。

【後記】
繼續揮棒

過去這三年，在你微近中年的人生中，是很奇特的一段時期。因為工作了十九年的報社突然結束了，雖然報社高層總是說「停刊」，說休息是為了蓄積再出發的能量，但你們這些員工都知道，結束就是結束了。你從高速運轉的職場生態，漸漸慢下來，然後到了幾近停頓的狀態。手邊當然還有一些工作在做，家裡的事做為一個母親和主婦的部份也夠忙的，可是那不是你今天一定要做、不能拖延、一拖延報紙就要開天窗的事；那也不是颱風警報一來，全家因為放假而雀躍歡呼，只有你苦著一張臉，悄悄祈禱風雨不要太大，因為無論如何都得到辦公室去，明天的版還沒做好呢，那一類的事。

那樣的生活暫時過去了，記事本上曾經一格一格填滿行程，整個人被格子裡的活動安排著往前推進的生活方式過去了。你不知道這樣的日子會持續多久，也許突然之間，那些格子裡又都填滿了待辦的事，你不得不在做這個格子裡的事的時候，心思已經飛到下一格去了，於是你下定決心，在不確定狀態的這段期間，要做一些原先的工作型態很難兼顧的事，首先就是把跟李行導演的約定完成。

至少五、六年前吧，在圓山新春文薈的茶會上，碰到久未聯絡的好友C，久別重逢的喜悅讓你們二人從還熱鬧著的會場提早離開，搭公車下圓山，到兩個人回家的距離最中間的地方找了家咖啡館坐下。商業區的咖啡館在假日異常冷清，只有你們一桌客人，C談起剛離開服務多年的工作，準備悠閒地過生活，並且把她手頭延擱一陣子的李行傳記完成，那時你也在幫三民書局選書，一聽到C在寫李行的傳記，眼睛一亮，馬上說：「你趕快寫完吧，我來幫你出版。」C聽到八字還沒一撇的書就有人要出版，也欣然同意。

咖啡館的協議過了一年，幾次和C聯絡，都說沒有進度，你想李導演也是大忙人，約訪談也許並不容易，你也不好催逼太緊。然後又一年過去了，C又投入職場，比以前更忙碌，眼看這本傳記完成遙遙無期，你同時邀約製作的另一本傳記書《琦君傳》都已經快出版了，於是你問C：「如果短期內無法做這件事，是否徵詢李導演的意思，另外找人執筆？」

C聯繫並約了李導演在她辦公室附近的餐廳吃中飯，李導演一開口就說：「謝謝你願意來做這件事。」你並未預期到要自己來執筆，這麼一聽，心想：「有何不可？」當時你並不知道你並未推拒的這是一件艱難的工作。

接下來很多個上午或下午，你帶了錄音機，和李導演，在「李行工作室」裡，按下錄音機開關，聽李導演口述他的歷史。李導演很會說故事，他的述敘就像電影畫面一樣，一場場、一幕幕，栩栩如生，那些往事在李導演的敘述中彷彿正在真實地進行著。如果只是這樣，那麼這個工作太享受了，聽一位電影導演娓娓說著那些你無緣經驗的時代，那些人、那些事，有時聊著聊著，吃飯時間到了，打電話叫「皇上皇」的臘味便當外送，吃完飯繼續聊，對於習慣傳播工作緊張節奏的你來說，這是多麼奢侈的悠閒時光。

但是當訪談的工作一次一次進行，錄音帶一捲一捲在你書桌上漸漸堆高，訪談內容已有了基礎，你心裡明白，不能繼續延擱了，你必須把錄音帶整理出來。這個部份也不難，口語化成文字，以前你在報社也常做，只要把時間花下去，一捲兩小時的錄音帶大概要花五個小時重聽並記錄下來。很多個星期假日，你在家裡做事，兒子從你身旁走過，聽到李行導演蒼勁的聲音從錄音機中傳出，他問道：「這是什麼？」你回答：「媽媽在工作，整理訪談資料。」後來他們很習慣，在家裡走動時，身邊有一個陌生人的聲音響著。

就像前面說的，時間花下去就好了，那二十多捲錄音帶變成文字，你用鉛筆寫在許多A4紙上，用夾子夾起來，也像厚厚的一本書。然後呢，最困難的部份來了，這些材料每一段、每一節都有一些有趣的故事，可是如何把它們串連起來，如何篩選有用的材料，來呈現李導演的電影人生呢？

你想了好久，中間有十個月到另一家報社上班，理直氣壯可以先把這本書擱著。你不是沒想過，「一定要完成嗎？」李導演也問過你很多次：「你覺得這本書有出版的價值嗎？」可見你們——作者和傳主都有喊停的心理準備，有一次你甚至跟李導演說：「導演，即使我整本寫完了，如果你覺得不滿意，隨時可以說不。」你不知道李導演怎麼想的，但是你的猶疑只有一剎那。也許你從前也做過半途而廢的事，如你說要去考博士班說了好多次，但這一次，你告訴自己，無論如何要堅持下去。

對於已經有廿多本著作，寫過數百萬字的你來說，這本書為什麼難呢？一方面你對李行這個人不熟悉，一方面你對早期台灣電影太陌生，而且，老實說，李導演的人生是中規中矩，沒有可以灑狗血、八卦、衝突性強的題材，李導演的電影成就是健康寫實，他的現實生活也很健康寫實啊。你除了要花很多精神去蒐集資料，補足你電影學養的不足，還得努力在你的平淡、瑣碎的文字敘述中，尋找有趣的元素，賦予它們可讀的價值。初稿完成後，你自己並不滿意，你一度打算，就算寫好了，完成自我要求就夠了，也不一定要出版。

初稿完成，並不代表艱難的工作告一段落，依李導演追求完美的性格，還有的磨呢。這時你們的工作陣地轉移到導演家附近的咖啡館，改稿子，補充內容，一稿、二稿、三稿……，書中有一段你寫到當年導演拍《秋決》時改了十一次，你每看到這一段，心中都有些忐忑，這本書不會要改那麼多次吧？後來到底幾易其稿，其實你已經算不清楚了。只記得有一次，為了這本書趕的上國際書展，出書流程已經有點緊迫了，但是書稿還沒搞定，導演臨時約了晚上的時間，你把孩子的晚餐料理好，從家裡開車出門，傍晚的下班人潮讓交通比

二〇〇八年底，作者與李行導演合影於李行工作室。

你預計還擁擠，到了安和路上，看到一個停車位，你以為快到了，趕忙停進去，車停好後才發現還有兩條街。和導演對著稿子校正，一談就是三個小時，你也很佩服導演，三個小時都沒離開座位，而且直到大致完成，才吃起晚餐三明治。你拿著算是可以定稿的書稿，往回家的路上走。已經夜裡十點多的安和路顯的冷清，和你來時的熱鬧車流完全是兩副景緻，你居然找不到停車的位置，在安和路上快步來回走著，想到孩子不知洗好澡沒，該睡覺了吧，心裡百味雜陳，走了半個多小時才找到車子。

你初接觸李行導演的電影是在七〇年代末，八〇年代初，那時你剛從南投老家來到台北求學，在大城市生活第一個上癮的就是看電影，所以李導的賣座片《汪洋中的一條船》、《早安台北》、《原鄉人》等影片自然跟著大眾一起追逐，不過就如同李導對台灣電影發展的評論，當時的觀眾走進電影院是為了看戲、看明星，吸引你去看李導的影片，是秦漢演鄭豐喜、林鳳嬌演鍾平妹，還有長髮的阿B理個大平頭演《小城故事》。

和李導相識是在報社服務期間。李行是和文人來往很勤的電影導演，他的很多作品都和文學有關，瓊瑤的作品之外，像改編自姚一葦劇作的《玉觀音》，像《汪洋中的一條船》、《原鄉人》，以及擔任製片的《玉卿嫂》，本來要拍沒拍成的《家變》等，那時李導在金馬獎執委會，以及從事兩岸文化交流的活動，都和副刊的工作有些關連，你也因此認識了導演李行。

毫無疑問，李行的電影成就已經是中國電影史的一部份，很多專書也多所討論，你在《李行的本事》裡，希望能呈現李行這個人，以及李行如何成為一位電影導演。後者在書中大致交待了對電影的熱情如何讓他從學習到完成的過程，前者則不斷查探、修正，似乎還不能說個完整。李行曾說他的母親能「成全」，父親能「承擔」，根據你的觀察，李導是集合了兩老的特點，既能成全又能承擔，至於如何承擔，如何成全，就留給讀者在書中去尋索吧。

雖然書稿改得很辛苦，但是最後的成品終於你自已也滿意了，這才知道之前的堅持都是必要的。某一次你訪問李行的大哥李子弋先生，訪談的空檔他問你，怎麼會想到為李行寫一本傳記，當時你沒有回答這個問題，因為說來話長，現在你發現這個問題的答案很簡單，你只是，繼續揮棒，在你的人生路上。

附錄

李行大事年表

一九三〇

農曆五月二十日生於上海，原名李子達，排行第三，父李玉階，母過純華，大哥李子弋，二哥李子堅，四弟李子繼。

一九三四

入私立一心幼稚園，父親因一心弘教而奉調財政部陝甘寧西北鹽務特派員，駐陝西辦公，舉家遷往西安，西安事變後全家回滬。

一九三七

三月，全家再度隨父遷往西安，七七蘆溝橋事變前五天，隨父母隱居西嶽華山。

一九四二

八月，考入華陰縣私立雲台初級中學一年級。

一九四三

八月，轉入陝西蔡家坡交通部部立鄭縣扶輪中學初中二年級，和二哥子堅同班，學校高中部經常演出話劇，開始對舞台劇的興趣。

一九四五

初中畢業，保送入扶輪中學高中部。

一九四六

二月，轉入西安私立力行中學，七月全家由西安復員回上海，九月轉入上海私立復旦實驗中學高中二年級就讀，對國片《八千里路雲和月》非常著迷。課餘以看國片為享受。

一九四八

考入蘇州國立社會教育學院藝術教育系戲劇組，看了三〇、四〇年代國片以及此年上映費穆的《小城之春》，極為讚賞，成為促成其進入電影事業的原因之一。後因國共徐蚌會戰影響，隨父母兄弟，於年底遷居台灣。

一九四九

二月，轉入台灣省立師範學院教育系。經常參加校內話劇社演出，並擔任導演。參加職業劇團演出話劇《桃花扇》、《青春》、《匪窟》等。

十一月，參加大華影業公司《春滿人間》影片演一個地主小角色。

一九五一

青年節參加大專院校勞軍團訪問澎湖、金門前線。

參加農教電影公司《永不分離》演出林場的職員黃夏。

一九五二

自省立師範學院教育系畢業。

八月，到高雄鳳山陸軍軍官學校，接受第一期預備軍官訓練，為期一年。

一九五三

七月，退伍。

八月，任教省立師範學院附屬中學，擔任公民教員兼訓育組長。帶領學生演出話劇《偷渡》（潘壘編導），《以身作則》（李健吾編劇，李行導演）。

一九五四

任《自立晚報》文教影劇記者。參加台製影片《罌粟花》（袁叢美導演）演出。

九月，申請進入中影擔任基本演員，被拒。

一九五五

八月六日，與師院體育系學妹王為瑾結婚。

導演話劇《舊情難忘》，在大華戲院（即國軍英雄館現址）公演。參加國光影業公司《聖女媽祖傳》（陳文泉導演），自由影業公司《馬車伕之戀》（唐紹華編導），台灣電影製片廠《沒有女人的地方》（唐紹華導演）等片演出。

一九五六

六月，長子顯一出生。

參與台製影片《翠嶺長春》（吳文超導演）；聯邦影業公司《沈常福大馬戲團》（唐紹華導演）等片演出。

一九五七

參加影片《情報販子》（唐紹華編導）演出兼副導演，參加影片《追凶記》（唐紹華編導）演出兼副導演，擔任影片《水擺夷之戀》（唐紹華導演）副導演。參加新世界戲院話劇演出《漢宮春秋》（張英導演）；《藍狐狸》（唐紹華編導）、《辛亥革命》（唐紹華編劇，張英導演）、《兒心關不住》（徐天榮編劇，王生善導演）。

一九五八

參加中一行影業社影片《血戰》（田琛導演）演出兼副導演。

與張方霞、田豐聯合導演其處女作品《王哥柳哥遊台灣》上下集❶❷，是台聯影業公司創業片，由李冠章與矮仔財分飾王哥柳哥的這部《勞來與哈台》式的台語電影，雖是他的首次執行導演作品，但賣座極佳，因此接下來他拍攝的王哥柳哥系列作品均為台語片。王哥柳哥系列作品，因胖瘦兩主角劇情與影像出色，至今台灣人仍將體重過重的人稱為王哥，將體型瘦小的人稱為柳哥。

一九五九

執導台聯影業公司的《豬八戒與孫悟空》❸、《豬八戒救美》❹，以及和永新、福華合作之台語片《凸哥凹哥》❺。

因中央電影公司台中製片廠發生大火，遷廠到台北士林外雙溪，於中影內部進行改組整理時，再度申請進入中影擔任導演，仍被拒。

緊接著第三次申請擔任副導演，當即接受，但需至導演宗由、田琛處報到，事實上早已有很多人排隊等候，何時才能輪到？不也是被拒了嗎？

一九六〇

四月，女兒顯順出生。

參與中影影片《音容劫》（宗由導演）演出。

因台製廠長龍芳提攜進入台製擔任特約編導，拍攝省政建設彩色紀錄片《台灣地下水》❻、《台灣教育》❼，首次接觸拍攝彩色片。

執教於臺灣藝術專科學校第一屆編導專修科。

一九六一

編導台語片《王哥柳哥好過年》❽及《武則天》❾。獲父兄資助自組「自立電影公司」，導演國台語混合發聲影片《兩相好》❿，模仿香港賣座片《南北和》。

一九六二

導演台製廠與福華影業公司合作之歌仔戲影片《金鳳銀鵝》⓫，台語片《白賊七》⓬、《王哥柳哥過五關斬六將》⓭、《白賊七續集》⓮。

一九六三

自立電影公司拍攝國語片《街頭巷尾》⓯，首次與攝影師賴成英合作。

開拍新和興影業公司台語片《新妻鏡》⓰。

進入中影公司，追隨李嘉合導國語彩色片《蚵女》⓱，是健康寫實製片路線的第一部影片，也是台灣獨力拍攝的第一部彩色劇情長片。

因三次被拒，不肯與中影簽基本導演合約。

一九六四

導演中影公司影片《養鴨人家》[18]，首次與編劇張永祥合作，片中農村風味得力於彩色攝影的光影，為國片創造出新的影像風格。

導演中影公司文藝片《婉君表妹》[19]，首次與瓊瑤合作。

一九六五

再度導演瓊瑤小說改編文藝片《啞女情深》[20]，中影出品。本片仍具健康寫實的風格，李行在鏡頭的運用上頗有創新。

以《養鴨人家》獲第三屆金馬獎最佳劇情片、最佳導演、最佳男主角（葛香亭）、最佳攝影（賴成英）。

一九六六

導演福華影業公司彩色國語片《貞節牌坊》[21]，運鏡大膽創新，技巧已趨嫻熟。

與李嘉，白景瑞聯合執導中影公司歷史戰爭片《還我河山》[22]。

執導龍裕影業公司與中華影業公司聯合攝製影片《日出日落》[23]。

一九六七

執導中影寫實影片《路》[24]。

三月，《路》在中影片廠對面所搭之「工寮」開拍，從籌劃到拍攝完成前後耗時十四個月。

一九六八

《文學季刊》主辦，陳耀圻策劃「李行作品研究」研討會，出席作家學者有尉天驄、陳映真、王禎和、李至善、黃春明、陳耀圻、施叔青等。

《路》票房慘敗，終於與中影正式簽基本導演合約，每年拍攝三部影片，支領月薪。

簽約後，執導中影文藝片《玉觀音》㉕，係根據姚一葦舞台劇作《碾玉觀音》改編，起用在美國研修電影編導的陳耀圻當主角，票房失利，但本片於一九六九年獲第十五屆亞洲影展最佳劇情片和馬尼拉市長特別獎。

《路》獲得第六屆金馬獎最佳劇情片、最佳男主角（崔福生）。

執導聯邦影業公司歌唱文藝片《情人的眼淚》㉖，投合市場觀眾興味，票房極佳。

一九六九

與胡成鼎、蔡東華、陳汝霖、劉登善、白景瑞、張永祥、賴成英、林贊庭等人合組大眾電影公司，胡成鼎任董事長，蔡東華任總經理，提出攝製嚴謹而具有個人風格的電影，創業片為《今天不回家》（白景瑞執導）。

五四文藝節，獲中國文藝協會頒發電影導演文藝獎章。

執導中影公司歌唱片《群星會》㉗。

與李翰祥、胡金銓、白景瑞合導《喜怒哀樂》㉘執導第三段〈哀〉。

一九七〇

導演大眾電影公司《母與女》㉙與《愛情一二三》㉚。

九月，與甄珍母女至新加坡宣傳《今天不回家》、新片《母與女》，此行並訪問該國總統府，由總統私人祕書接待。

一九七一

為大眾電影公司導演構思多年的影片《秋決》[31]，具有濃厚的古典風格，本片引起國內外廣泛討論，破例在台北不上國片院線，而由兩家西片戲院連映兩個多月，為李行創作生涯的一次高峰。

《秋決》獲第十屆金馬獎最佳劇情片、最佳導演、最佳男主角（歐威）、最佳女配角（傅碧輝）、最佳攝影（賴成英）。

一九七二

導演香港興發影業公司影片《風從那裡來》[32]。

與白景瑞、李嘉合拍《大三元》[33]。

《秋決》由文化局選送美國，參加第四十四屆奧斯卡金像獎最佳外語片提名入圍。

一九七三

導演香港興發影業公司瓊瑤小說改編愛情文藝片《彩雲飛》[34]。

大眾電影公司改組，李行出任總經理，請宋存壽導演《母親三十歲》，李行則執導瓊瑤小說改編的《心有千千結》[35]，起用秦祥林為男主角，聯邦影業公司發行，李行的傳統家庭觀與瓊瑤小說中親情融合特徵不謀而合，再經編劇張永祥的編構，成為當時文藝愛情片的理想模式。

導演第一影業公司電影《婚姻大事》[36]，續用秦祥林為男主角。

一九七四

導演香港馬氏影業公司瓊瑤小說改編電影《海鷗飛處》[37]，起用秦漢演戲。

執導香港文藝電影公司影片《海韻》[38]，續用秦漢演戲。

香港《東方日報》老闆馬奕盛成立馬氏影業公司，在台灣委託李行負責製片業務，並簽訂林鳳嬌為基本演員。

一九七五

為香港馬氏公司拍攝《吾土吾民》[39]，獲第十二屆金馬獎最佳劇情片，李行用王引、鄧光榮、秦漢來捧紅林鳳嬌。

一九七六

導演香港馬氏公司影片瓊瑤小說改編《碧雲天》[40]，正式用秦漢為男主角，女主角為林鳳嬌、張艾嘉。

為大眾電影公司執導瓊瑤小說改編影片《浪花》[41]，與瓊瑤發生版權糾紛。

一九七七

為聯合影業公司導演《風鈴•風鈴》[42]，瓊瑤小說改編、張永祥編劇，這是三人合作的最後一部作品。

執導影片《白花飄雪花飄》[43]，買不到瓊瑤的小說，張永祥編了這部比瓊瑤還瓊瑤的劇本，對抗瓊瑤自組公司拍的《月朦朧鳥朦朧》，結果票房失敗，賠錢了事。

十月，中央電影公司攝製，李行執導的新片《汪洋中的一條船》[44]開鏡，死心塌地回到健康寫實鄉土路線。

一九七八

十月，執導大眾電影公司創業十週年影片《小城故事》45開鏡。與鍾鎮濤（阿B）簽訂基本演員合約，正式起用他為《小城故事》男主角。

十二月，《汪洋中的一條船》獲第十五屆金馬獎最佳劇情片，同時也因此片第三度獲金馬獎最佳導演。

《汪洋中的一條船》創當年台北市十大賣座片冠軍，並獲頒中國影評人協會最佳國語片第一名。

一九七九

獲國民黨中央黨部頒發的二等華夏獎章，成為臺灣電影界獲得此項獎章的第一人。

二月，財團法人電影圖書館成立，舉辦「李行導演作品回顧展」，展出二十部李行的作品。

《汪洋中的一條船》獲得第二十五屆亞洲影展最佳導演獎，第二屆國際天主教電影電視協會金炬獎。

四月，與新加坡國泰機構三位代表會商之後，達成合作默契，將大量合作拍片進軍世界影壇。

五月，用《小城故事》原班人馬拍攝《早安台北》46。

六月，《汪洋中的一條船》在紐約華埠上映，導演李行親自主持首映典禮。

《小城故事》獲得第十六屆金馬獎最佳劇情片，及第三屆國際天主教電影電視協會金炬獎。

一九八〇

導演台灣第一代鄉土作家鍾理和的傳記電影《原鄉人》47。一月，率領外景隊赴韓國，拍攝《原鄉人》大陸奉天雪景。

七月，參加行政院舉辦「國家建設研究會」。同時應邀參加的電影人還有胡金銓、張永祥、沙榮峰等。在會議中建議政府成立文化部，電影歸屬於文化部，因此強烈建議政府應從速制訂「電影法」，明定電影為文化事業。

十一月，《早安台北》獲得第十七屆金馬獎最佳劇情片。李行以《汪洋中的一條船》、《小城故事》、《早安台北》連續獲得金馬獎第十五、十六、十七屆最佳劇情片，創下台灣電影史上至今無人能破的紀錄。

一九八一

用雙生雙旦林鳳嬌、秦漢、鍾鎮濤、蘇明明，相繼執導大眾電影公司《又見春天》[48]、中央電影公司《龍的傳人》[49]兩部影片。

一九八二

七月，獲聘為世新專科學校電影科主任。隔月，因與學校創辦人培訓電影人才理念不合而請辭該職務。

一九八三

九月，女兒顯順在台北圓山飯店舉行婚禮。

與胡金銓、白景瑞合作導演台製影片《大輪迴》[50]，負責拍攝第二世。

擔任第二十屆金馬獎評審委員兼召集人。

十一月，自一九八〇年為電影法催生，至今終經立法院三讀通過，公佈實施。唯仍未能在第一條開宗明義明訂電影為文化事業為憾。

一九八四

一月，獨子顯一亦在台北圓山飯店舉行婚禮。

擔任「天下電影公司」總經理，負責製片工作，全權負責影片《玉卿嫂》的監製工作，起用張毅導演，由楊惠姍主演。

籌拍影片《家變》，王文興原著，但漢章導演，後因天下影業公司結束而作罷。

執導中製廠影片《細雨春風》51。

國立台灣師範大學舉辦「校友影展」，因而由李行、郭軔、馬驥伸、趙寧、白景瑞、張美君、廖祥雄、羅慧明、余秉中等合組「九九影會」推動大學電影教育。

大陸中影公司向香港片商購得《汪洋中的一條船》拷貝，擅自翻製底片加印拷貝在大陸戲院公映，為台灣電影在大陸正式發行映演的第一部影片，並獲大陸觀眾票選為百花獎最佳影片和最佳男主角（後因故未公佈）。

一九八五

一月，應新聞局電影處之邀，與明驥、廖祥雄、陳豫舜、郭南宏、王士祥和承錫康等七人組成工作委員會，推動獎勵製作優良的政策性影片。

一九八六

執導台製出品之影片《唐山過台灣》52，籌劃及攝製過程一波三折，多災多難，一如當年先民渡海來台灣之艱辛困苦。

一九八七

三月，參加美國電影學會主辦的洛杉磯國際影展，所執導的《唐山過台灣》為亞洲部份影展的首映。並獲選參加美國奧斯卡金像獎最佳外語片競賽。

應第三十二屆亞太影展籌備委員會主任委員林登飛之邀，出任籌委會祕書長，首次接觸舉辦影展業務。以籌組國際評審團、舉辦亞太各國六〇年代佳片回顧展及電影學術論文發表會三方面來提升亞太影展的國際地位。

執導國防部藝術工作總隊話劇隊演出徐速原著小說，貢敏改編舞台劇《星星‧月亮‧太陽》，十月，當時國家戲劇院剛落成，尚未對外開放，特同意公演此劇，餘在中華路介壽堂演出。李行出身舞台，不能對舞台忘情。

一九八九

五月，籌組成立中華民國電影導演協會，被推選為首屆理事長。

一九九〇

新聞局將金馬獎交由民間組成常設機構，被推選為「台北金馬國際影展執行委員會」首任主席。

十月，應大陸「中國電影家協會」之邀，與宋存壽、蔡揚名、林清介、萬仁等人赴大陸訪問，開啟兩岸電影交流。

一九九一

續任金馬獎執行委員會主席，爭取大陸影人來台未果。修訂執委會章程，更名為「台北金馬影展執行委員會」，並積極尋求企業贊助。

十一月，組團參加大陸「金雞百花獎」頒獎活動，為台灣電影界首次正式參加大陸影展。

一九九二

與香港電影導演會會長吳思遠用一年時間極力奔走下，元月十日得以在香港舉行首屆「海峽兩岸暨香港電影導演研討會」。

續任金馬獎執委會主席，增設觀眾票選活動，與金馬競賽同時評選出觀眾心目中最受歡迎的年度最佳劇情片，並增加武術指導獎。

十二月，大陸影人謝晉等十人首次應金馬獎邀請，來台參加頒獎盛會，可惜因來台手續延誤，抵台時頒獎活動已結束，但卻是大陸電影界第一次組團訪台。

一九九三

一月十日，上海舉辦第二屆「海峽兩岸暨香港電影導演研討會」，大陸電影導演會同時宣告成立。

三〇年代文學與戲劇作品解禁，應製作人歸亞蕾之邀，執導曹禺舞台名著《雷雨》，四月十六日至二十二日在國家戲劇院演出七天。

續任金馬獎執委會主席，適逢金馬獎三十屆而擴大舉辦，除票選金馬三十風雲人物，並由當時李登輝總統頒獎給從影五十年以上的資深影人，且廣邀台港資深影人參與盛會。

一九九四

元月，獲選為中華民國電影導演協會一九九三年年度最佳導演。

三月，辭卸金馬獎主席職務。

六月，組團參加大陸第一屆珠海電影節。

十二月，父親李玉階先生於南投逝世，享年九十五歲。

接任中華民國紅心字會第三任理事長，為父親創辦之天帝教從事社會福利工作。

一九九五

第三屆「海峽兩岸暨香港電影導演研討會」在台北舉行。

十月，受聘擔任第二屆上海國際電影節評審委員。

十二月，獲頒第三十二屆金馬獎終身成就獎。

一九九六

二月，獨子李顯一車禍過世。

八月，擔任大陸長春國際電影節評審委員。

十月，接任台灣電影文化公司董事長。

十二月，參加大陸第二屆珠海電影節。

一九九七

一月，第四屆「海峽兩岸暨香港電影導演研討會」在香港舉行。

六月，母親李過純華女士在南投逝世，享年九十五歲。

六月，參加香港主權回歸中國之大典，係台灣唯一受邀觀禮的影人。

九月，參加日本福岡影展，作品《原鄉人》獲選觀摩映演。

十二月，參加由佐藤忠男主導在東京八百人劇場舉辦的「台灣電影回顧展」，共計有三十七部電影參加放映。

文建會全額補助導演舞台劇《昨天今天明天》，十二月在高雄首映，然後在台北、台中、宜蘭、花蓮等地公演。

十二月，台影在李行導演積極推動下，獲得「亞太媒體中心高科技媒體園區」許可證。

一九九八

五月，獲頒中國文藝協會榮譽文藝獎章。

八月，擔任長春國際電影節評審委員。

十一月，組團參加在重慶舉辦的第七屆金雞百花電視節活動。

一九九九

一月，率團參加在南京舉行的第五屆「海峽兩岸暨香港電影導演研討會」。

六月、七月親友及新聞局長程建人，分別在圓山飯店、來來飯店，舉辦從影五十年及七十歲生日盛大感人的餐宴。九月、十月分別在台北、上海舉辦「兩岸電影半世紀——謝晉、李行影展」，展出兩人作品十八部，並舉行研討會。同時將兩人作品分別捐贈給上海、台北電影資料館典藏。

八月「中華民國電影事業發展基金會」董事會改選，新任董事長王應祥推薦並經由董事會一致通過聘請李行再度回任金馬獎執委會主席。

九月，九二一大地震發生，台灣電影文化公司幾全部毀損，珍貴影片片庫有幸完整無損，立即轉送電影資料館樹林倉庫暫存。正在推動公司民營化，以期永續經營計畫落空，台影宣告結束，走入歷史。

十二月，時報出版公司舉辦黃仁編著《行者影跡——李行・電影・五十年》新書發表會，慶祝李行導演從影五十週年紀念，現場並放映由春暉影業公司製作，何平執導的紀錄片《李行和他的行李》。

二〇〇〇

一月，續任台北金馬影展執行委員會主席。

二月，因支持宋楚瑜競選總統，中央電影公司解除李行「製片審核小組」召集人職務。

二月，四弟子繼過世。

三月，不滿遭中央電影公司泛政治化打壓，辭去該公司董事職務。

十月，中華民國紅心字會理事長任滿，聘為榮譽理事長，繼續參與社會公益活動。

二〇〇一

一月，第六屆「海峽兩岸暨香港電影導演研討會」在台北舉行。

四月，美國紐約經典電影圖書館，自四月廿日起為期兩週，舉辦「李行／王童電影回顧展」，展出李行的《街頭巷尾》、《養鴨人家》、《啞女情深》、《路》、《秋決》、《原鄉人》、《大輪迴》等影片。李行和王童親往紐約參加回顧展開幕，並主持電影座談會。

六月，籌組「李行工作室」，原擬成立「紅心文化傳播公司」。

九月十日，在台北書田醫院，切除攝護腺腫瘤，術後每日服藥，每月門診取藥、驗尿，每三個月驗血，追蹤檢查攝護腺癌症指數，李行配合醫師要求，從未間斷，癌症指數現在已降為

PSA 0.001-0.003，吉人天相，幾已恢復正常。

二〇〇二

九月，「李行工作室有限公司」正式成立，繼續為台灣電影奉獻心力，並以電影終身義工自許。

九月二十九日，在台中、台北兩地舉辦「童想影展」，李行邀請大陸終身從事兒童電影的于藍組團來台，共有《城南舊事》、《娃娃唱大戲》、《微笑的螃蟹》、《我也有爸爸》、《天堂回信》等十部影片參展，是台灣第一次專門為兒童舉辦的影展。

十月，到無錫參加第十一屆金雞百花電影節，與大陸電影史學家程季華商定在二〇〇五年中國電影一百年時，兩岸三地共同編輯出版一部《中國電影百年圖史》，集兩岸三地電影史於一冊。

二〇〇三

一月，第七屆「海峽兩岸暨香港電影導演研討會」在澳門舉行。

八月，李行工作室企畫製作「柏楊劇場」，獲柏楊授權將短篇小說《龍眼粥》、《強水街》、《沉船》、《神經病》改編為電視劇。

九月，克緹文教基金會贊助，完成柏楊短篇小說改編電視單元劇《蓮》，提供二〇〇四年十月中央大學中文系舉辦「柏楊文學史學思想國際學術研討會」中播映。

二〇〇四

六月，獲頒台灣師範大學第四屆傑出校友獎。

七月，柏楊短篇小説《龍眼粥》搬上銀幕，獲當年度新聞局電影輔導金新台幣五百萬元，全片在台南拍攝完成。

二〇〇五

一月，第八屆「海峽兩岸暨香港電影導演研討會」在北京舉行。

四月，電視連續劇《小城故事》在福建惠安開拍。

八月，李行與王為瑾結婚五十年，金婚喜宴席設台北市晶華酒店，邀請五十位親友出席祝賀。

十二月，李行在北京釣魚台國賓館大會堂，參加「中國電影一百年國際論壇」，在開幕式發表演説。大陸電影界為李行出版發行一套紀念郵票。

二〇〇六

二月，為百齡畫家陳慧坤教授拍攝紀錄片《百慧藏坤》，李行擔任監製，王童執導。

參與中華民國導演協會為邵曉鈴製作祈福海報之簽名活動，其他參與簽名的電影界人士包括吳宇森、朱延平、王童、李崗、李祐寧、吳思遠等人。

十一月，擔任第五十一屆亞太影展評審團主席，並打破往年不成文的獎項分配慣例，堅持不應再重複分配前例，而以影片個別成績考量，在所有評審都同意的情況下，終於為亞太影展邁出了歷史性的一大步。並擔任影展頒獎人，頒發終身成就獎給香港資深影人邵逸夫。

十二月，原擬二〇〇五年出版的《中國電影百年圖史》因故延遲。第一部集大陸、台灣暨香港電影史於一冊的《中國電影圖史》（定稿前決定書名取消「百年」兩字）終於二〇〇六年十二月二十八日正式出版，在北京釣魚台國賓館舉行首發式、新書發表會。

二〇〇七

一月，第九屆「海峽兩岸暨香港電影導演研討會」先後在台中、台北舉行。

十月，在蘇州舉辦的第十六屆金雞百花電影節特別舉辦「台灣著名導演李行電影專題展」，放映《養鴨人家》、《婉君表妹》、《啞女情深》、《吾土吾民》、《秋決》、《原鄉人》、《海韻》七部影片，同時舉行研討會。

二〇〇八

六月，台灣師範大學舉辦「傑出校友李行導演特展」。

八月，應大陸廣電總局之邀赴北京參加八月廿四日奧運閉幕式。

九月，大連舉行的第十七屆金雞百花電影節，特別舉辦「台灣電影新人新片展」，共有《練習曲》、《沉睡的青春》、《態度》、《一年之初》、《情非得已之生存之道》五部影片參展，李行帶了台灣的新導演和演員去大連，讓大陸影人和觀眾認識他們和他們的作品，同時也讓台灣新一代的導演開拓視野，了解大陸市場，體會未來他們將面對的電影生態的變化。

二〇〇七年在蘇州舉辦的「李行導演作品研討會」論文集《華語電影的跋涉者》新書發表會與「台灣電影新人新片展」同時舉行。

九月，積極進行多年，與國立台灣戲曲學院合作的舞台劇《夏雪》因募款未成，原定二〇〇九年元旦在台北國家戲劇院首演，沉痛宣佈延期。

十一月，第四十五屆金馬獎執委會，在台北、台中兩地舉辦「李行作品展」，並在台中為李行舉辦「一甲子的輝煌——李行文物展」，十一月廿三日舉辦專題座談會「一甲子的輝煌——李行的電影世界」，與會者包括導演侯孝賢、張毅、賴成英、陳坤厚，影星鄧光榮、李湘、錢璐、楊惠姍，影評人黃仁、黃建業、王瑋等，胡志強市長應邀致詞。

二〇〇九

一月，第十屆「海峽兩岸暨香港電影導演研討會」在香港舉行，適逢香港電影一百年。

二月，李行授權傳記《李行的本事》出版，由小說家林黛嫚撰寫，三民書局出版。

【26】

作家與作品　　謝冰瑩　著

本書蒐集作者對所接觸的作家與作品的記述。在溫婉的筆下，娓娓道出不為一般讀者所知的文人印象。尤其作者居於白話文學發軔之際，對當時作家的忠實記載，顯得彌足珍貴。

【33】

猶記風吹水上鱗　　余英時　著

——錢穆與現代中國學術

●行政院新聞局中小學生優良課外讀物推介

本書為紀念史學大師錢賓四先生逝世週年而作，通過對錢先生的學術和思想的研究，勾劃出二十世紀中國學術思想史的一個重要側影。

【69】

嚴肅的遊戲　　楊錦郁　著

——當代文藝訪談錄

作者深入當代作家的文學世界，探索作家的心靈狀態及其對應外在客觀現象的軌跡，鋪展而成豐饒的文學田野。全書緊扣文學本心，是一本值得推薦的文藝訪談錄。

【93】

陳冲前傳　　嚴歌苓　著

陳冲曾是好萊塢片酬最高的中國女星，而她成功的歷程是坎坷而具戲劇性的。本書展示她不為人知的內心世界，以及她對婚戀、事業、名利的看法，試圖推出一個與銀幕上不同的陳冲。

【182】

劉真傳　　黃守誠 著

劉真先生歷任師範及教育體系要職，有「教師之友」及「臺灣師範教育之父」等美譽。作者以文學、史學之筆，深入傳主內心，在嚴謹的敘述中，顯現偉大教育家辛勤耕耘的身影。

【220】

生命風景　　張堂錡 著

作者堅信「人是大地上最美麗風景」的理念，報導了多位藝文界、學術界的知名人物。他以飽含情感的文字，精心安排的情節鋪陳，將這些人物的精神力量與生命光華深刻呈現。並運用了多種書寫型態與技巧，勾描人物內心世界，貼近人物生命情調，兼具有文學美感的生動表現和人生哲學的思想啟發。

【235】

夏志清的人文世界　　殷志鵬 著

夏志清是中外著名的文學評論家，他將張愛玲、錢鍾書等人推上文學巨匠之林。本書作者與夏志清的交往始於 1987 年，兩人經由不間斷的書信及文聚，產生了亦師亦友的情誼。書中詳述夏志清與張愛玲這對「文學伴侶」的關係，以及夏志清與顏元叔、唐德剛之間的學術糾葛，讓讀者從生活的角度來了解這位「總也不老」的「夏判官」。

【279】

緣在紅塵　　陳　野 著

——豐子愷的藝術世界

●中國時報開卷新書推薦

中國第一位漫畫家豐子愷，是在清末民初政治、經濟、文化鉅變的滾滾紅塵中成長，歷經了對日抗戰、文化大革命的驚濤駭浪。本書不採逐年敘事，而是在平實的史料基礎上，結合畫作、文本，著重事件的記敘、情節的安排，帶領讀者了解豐子愷的思想情感，進而深入其藝術世界。

林黛嫚作品

散文新四書：春之華

春天是起點，季節的起點，人生的起點。本書選文就從這樣的意象出發，讓作家們用自己的方式來回顧青春年少，林海音古老的童玩已經隨她而逝，我們只能在文章中讓這些童玩再活一次；王鼎鈞寫了數百萬言後，文字才和白紙聯繫上，成為一則傳奇；黃春明的「地牛翻身」地震說法是永遠的童話……。

神探作文

讓作文變有趣的六章策略

●行政院新聞局中小學生優良課外讀物推介

本書的主角福爾摩斯接到德文郡警長的邀請，請他到德文郡來解決一件奇案。隨著案情越來越離奇，福爾摩斯面對這些懸疑難解的問題，竟然採用「作文」這個武器來與歹徒周旋！到底福爾摩斯如何利用寫作技巧來破案呢?

台灣現代文選小說卷

本篇收錄賴和、王禎和、黃凡、駱以軍等老、中、青三代共十六位名家之代表作品，以時間為線索，依作者生年排列，呈現百年來台灣小說演變之樣貌。內容分為文本、作者簡介、賞析及延伸閱讀。書前導讀略敘現代小說發展的背景，並深入淺出地分析小說之創作原理。

你道別了嗎？

●民國94年中山文藝散文創作獎、聯合報讀書人周報書評推薦

你知道每一次道別都很珍貴，你無法向那些不告而別的人索一句再見，但是，你可以常常問問自己，你道別了嗎? 作者在這本散文集中，除了以文字見證生活經驗之外，更企圖透過人稱轉換造成距離感，以及小說化的敘事筆調呈現散文的瀟灑文氣。

【文學 006】

口袋裡的糖果樹

楊　明　著

美食和愛情有許多相通之處，從挑選材料、掌握火候到搭配，每個步驟都必須謹慎，才能得到滿意的結果。相較於料理可以輕易分辨酸甜苦辣，愛情卻常常曖昧不明。《口袋裡的糖果樹》宛如一道耐人尋味的料理，悠遊在情愛難以捉摸的國度裡，時而甜，時而酸，只有認真品味過的人，才知道箇中滋味。

【文學 020】

球　謎

張啟疆　著

本書為台灣首部長篇創作棒球推理小說。棒球推理除精彩刺激的球場元素，還得結合複雜錯綜的社會、政治因素。綁票、詐欺、情色、暴力串構成本書時隱時現、層層揭發、重重迷陷的高潮環節：迷中有謎，謎底見題，結束當下赫見新局開始。作者以旁徵博引的棒球之勢、繁複奧妙的推理鬥智，期待讀者接招。

【文學 021】

小姨多鶴

嚴歌苓　著

快樂單純的中國東北家庭張家，二兒子張儉的太太小環，因受到日本兵的驚嚇而流產，從此無法生育。十六歲日本滿洲國少女多鶴，因國敗家亡，被人口販子賣到張家當成生育工具。在時代和命運捉弄下，張儉、小環、多鶴無奈的組成了家庭，彼此牽絆糾葛了一生，並且深深影響他們的下一代——張儉和多鶴的子女！

國家圖書館出版品預行編目資料

李行的本事 / 林黛嫚著. ——初版一刷. ——臺北市:
三民, 2009
面; 公分. ——(世紀文庫:傳記003)

ISBN 978-957-14-5148-0 (平裝)

1. 李行 2. 電影導演 3. 臺灣傳記

783.3886 98000069

© 李行的本事

著作人 林黛嫚
總策劃 林黛嫚
責任編輯 吳仁昌
美術設計 蔡季吟 李唯綸

發行人 劉振強
著作財產權人 三民書局股份有限公司
發行所 三民書局股份有限公司
地址 臺北市復興北路386號
電話 (02)25006600
郵撥帳號 0009998-5
門市部 (復北店) 臺北市復興北路386號
(重南店) 臺北市重慶南路一段61號

出版日期 初版一刷 2009年2月
編號 S 782270
行政院新聞局登記證局版臺業字第〇二〇〇號

ISBN 978-957-14-5148-0 (平裝)

http://www.sanmin.com.tw 三民網路書店